# 举头三尺有神明

## 漫步乡野庙会

### 田野中国系列丛书

山东文艺出版社

岳永逸 著

廖明君 主编

献给我的父亲岳满国

在田野中
我是那田野的
空白。
情形
总是如此。
无论我在哪里
我都是缺失的那一部分。

当我行走
我分开空气。
而空气总是
流转
填满我曾在的身形。

我们都有理由
移动。
我移动
为了保持事物的完整。

　　　　　　—— ［美］马克·斯特兰德（Mark Strand）
　　　　　　　　　　　　　　　《保持事物完整》

# 自序：禁不绝

"南朝四百八十寺，多少楼台烟雨中。"

这句为人熟知的古诗，以唐人的明快直白，凝练地道出了从西土传入并生根发芽的佛教在中国大地上升降起伏、此一时彼一时的命途。连佛教这样在我们国家多少有些脸面的宗教都不能免其尴尬，在民间传衍的、身体力行也"乱七八糟"的、早就被孔老夫子称之为"怪力乱神"的宗教信仰的命运就可想而知了。

数千年来，除"怪力乱神"外，这些民众践行的宗教信仰——乡土宗教，曾被贴上过"淫祀""迷信""弥散性宗教""民间信仰""民间宗教""文化""民俗""传统"以及"非物质文化遗产"等种种性质不同的标签。但是，无论他者因什么名目给民众践行的宗教贴上何种标签，紧紧贴附大地并与之相依为命的乡土宗教，始终有着野草般倔强的生命力。

食于人者的治人者总是会出于自己统治的需要，对关涉并支配人们言行的信仰进行不同的界定、规训、整合。原本被视为异端或者仅仅是在小范围内盛行的文昌、关公从偏安一隅到逐渐获得正统地位，并像孔老夫子一样，不停地被历代统治者加封，而且追封到其父母、祖父母、曾祖父母。①后来成

---

① 对于这些原本生发于民间，并在民众中祭拜的神灵的变迁，参阅 Valerie Hansen, *Changing Gods in Medieval China, 1127—1276*, Princeton: Princeton University Press, 1990.

为海神的妈祖也大致经历了类似的生命旅程，由人而神，由神而人，神人一体，还有了"天后"的别称。今天，在一水相隔的海峡对岸，其香火灵验、红火远胜于昔日。

但是，像关公、文昌、妈祖这样，其他千百年来在民间流传并深深影响老百姓生活的众多神、仙、鬼、怪却不配有更好的命运。曾经在华北大地相当盛行的狐狸、黄鼠狼、刺猬、蛇和老鼠（一说兔子），即"胡、黄、白、柳、灰"之"五大门"①，江南盛行的五猖（五通）②等信仰在主流话语的信仰体系中始终都是"下三烂"，是"主人"眼中"下人"的玩意儿，是地地道道的"淫祀"，愚昧、野蛮还低贱。近代以来，在本土的主流学术中，中国北部的萨满教，中国南部，尤其是西南地区的"放蛊"，藏区的本教也基本处在主流话语信仰体系之外。

随着日薄西山的大清王朝的国门被西方列强的坚船利炮洞开，在对西方利器崇拜的同时，利器背后的文明和文化也被国人推崇，并有着不容置疑的"科学""理性""民主""先进"之类的光环、光晕。在不少知识分子和当政者那里，西方文明长期片面地成为衡量、评判传衍了数千年且迥异于西方文明的中华文明的量标，并将其视为改造中华文明的"尚方宝剑"。但是，中国这个"历史基体"并非唯西方马首是瞻、亦步亦趋，而是在延续本土既

---

① 在已有的研究中，研究者往往仅提及"胡、黄、白、柳"，即"四大门"。关于四大门信仰在华北的过去、现在及其性质，参阅 Li Wei-tsu, "On the Cult of the Four Sacred Animals (Szu Ta Men 四大门) in the Neighborhood of Peking", *Folklore Studies*, vol. Ⅷ (1948), p.1—94；Xiaofei Kang, *The Cult of the Fox: Power, Gender, and Popular Religion in Late Imperial and Modern China*, New York: Columbia University Press, 2006；杨念群，《再造"病人"：中西医冲突下的空间政治（1832—1985）》，第203—242页，北京：中国人民大学出版社，2006；周星，《乡土生活的逻辑：人类学视野中的民俗研究》，第48—78页，北京：北京大学出版社，2011。

② Richard von Glahn, "The Enchantment of Wealth: The God Wutong in the Social History of Jiangnan," *Harvard Journal of Asiatic Studies*, vol.51, no.2(1991), p.651—714; Qitao Guo, *Exorcism and Money: The Symbolic World of the Five-Fury Spirits in Late Imperial China*. Berkeley: Institute for East Asia Studies, University of California Press, 2004.

　　　　　　　　　举头三尺有神明

有传统的同时，"固有地展开"。①改造中华传统文化肇始于洋务运动，经历戊戌变法和辛亥革命的推展，在新文化运动中得以成气候和规模，并在理念上影响到1949年后的多次运动。

在这种语境下，包括以敬拜为核心的庙会在内的诸多民间信仰、乡土宗教也就首当其冲地成为"（封建）迷信"和"愚昧"的代名词，每况愈下，至少也是自惭形秽的"原始""落后"。承载绝大多数中国人乐于敬拜的偶像的大小庙宇率先成为众矢之的。因为可以遮风挡雨，捣毁了神像后的庙宇也就成为坚信自己正确的不同年代的精英们随性涂鸦的"空的空间"②。原本与神像一体的价值理性、内价值、敬畏、神圣和随之而生的禁忌消失殆尽。

在《劝学篇》中，洋务运动的中坚张之洞就明确地提出了"庙产兴学"。他深情款款也思维缜密地写道：

或曰："天下之学堂以万数，国家安能得如此之财力以给之？"曰："先以书院改为之。"学堂所习，皆在诏书科目之内，是书院即学堂也，安用骈枝为？或曰："府县书院，经费甚薄，屋宇甚狭，小县尤陋，甚者无之，岂足以养师生，购书器？"曰："一县，可以善堂之地、赛会演戏之款改为之。一族，可以祠堂之费改为之。""然数亦有限，奈何？"曰："可以佛道寺观改为之。"今天下寺观，何止数万？都会百余区，大县数十，小县十余，皆有田产，其物业皆由布施而来。若改作学堂，则屋宇田产悉具，此亦权宜而简易之策也。方今西教日炽，二氏日微，其势不能久存，佛教已际末法中半之运，道家亦有其鬼不神之忧。若得儒风振起，中华乂安，则二氏固亦蒙其保护矣。大率每一县之寺观，取什之七以改学堂，留什之三以处僧道，其改为学堂之田产，学堂用其七，僧道仍食其三。计其田产所值，奏明朝廷旌奖。僧道不愿奖者，

---

① [ 日 ] 沟口雄三，《作为方法的中国》，孙军悦译，第55页，北京：生活·读书·新知三联书店，2011。

② Peter Brook, *The Empty Space*, Harmondsworth: Penguin, 1972.

移奖其亲族以官职。如此，则万学可一朝而起也。以此为基，然后劝绅富捐赀以增广之。①

民国政府新成立不久，也急迫地颁布了《寺庙管理条例》《废除卜筮星相巫觋堪舆办法》《神祠存废标准》《严禁药签神方乩方案》《取缔经营迷信物品办法》和《取缔以党徽制入迷信物品令》等一系列法令。②这些律令试图清晰地区分宗教与迷信，从而取缔后者，欲坚决破除"锢蔽民智"的陋习，避免一个民族在"文化日新，科学昌明之世"腾笑列邦的命运。在五四运动后不久，学界就有数次关于宗教的大争论。和"打倒孔家店"一道，破除迷信、陋习成为新文化运动的基本济世情怀和创作主题。如是，各色精英发起、倡导的"庙产兴学"运动在1928年达到高潮。1929年，江苏大学教授邰爽秋还编辑出版了《庙产兴学问题》一书。③

这些写在纸上的法令确实规训了人们的生活。几乎在整个20世纪，一个人是否敢于进庙捣毁神像——不会说话的泥巴老爷，成了是否先进，是否科学，是否革命的象征。

年轻时的孙中山就曾经是这样的代表。鲁迅也塑造了"到城隍庙里去拔神像的胡子"的吕纬甫这个经典形象。④根据何柏达的调查，1940年代初期，在江西安远县任赣南行政督察公署专员的蒋经国曾亲自率先斧劈安远城隍神像，以激励下属捣毁神像的勇气。⑤

这些不同阶段的行动、运动都取得了辉煌战绩。20世纪30年代，李景汉

---

① ［清］张之洞，《劝学篇》，第120—121页，郑州：中州古籍出版社，1998。

② 立法院编译处编，《中华民国法规汇编》，第376、794—796、807—814页，上海：上海中华书局，1934。

③ 邰爽秋编，《庙产兴学问题》，上海：中华书报流通社，1929。

④ 鲁迅，《鲁迅全集·第二卷》，第29页，北京：人民文学出版社，1981。

⑤ 何柏达，《安远庙会——以城隍庙会为例》，收于罗勇、劳格文主编，《赣南地区的庙会与宗族》，第27—34页，国际客家学会、海外华人研究社、法国远东学院，1997。

等人就曾记录了河北定县东亭乡村的毁庙情况。光绪八年（1882）到1928年，62村被毁的331座庙宇中，民国以来毁掉了259座，其中，仅1914年一年间就毁掉了200座。[①]

在我开始记事的20世纪70年代，川北剑阁老家槐树地和槐树地方圆二十里内都看不到庙宇。但是，老家的老、中、青三代人和直至今天牙牙学语的小孩都还会说这方圆二十里内的"龙王庙""尖庙子""坟坝子""碗泉庙""东王庙""朝阳观""木盖寺""开封庙""锦屏寺""白鹤寺"和"回龙观"等地名。长期在山村存在的这些中心地、乡村景观、地理坐标，如今成了空洞的词语。其背后的传说故事和承载的先人们的历史、文化与思想，则渐渐远离我们这些后人。有着灵魂，并让众生因敬畏而亲近、相依为命的大地，成了千疮百孔的泥巴、索然寡味的尘土。原本情义浓浓的"圣山灵水"沦为"残山剩水"。

这使得我们这些在现代教育制度下成长起来的"新人"，尽管熟悉故乡的山山水水、一草一木，却没有了老人的眷恋、缠绵与皈依感，反而为终有一日老死故乡担惊受怕，最终义无反顾地渐行渐远。"根"之故乡在前行中迷失。体格健壮但灵魂寂寞无主的我们，真正地成为浪迹天涯、行囊空空的游子，甚或于在雾霾深深的技术世界中，疲于奔命，心甘情愿、百折不回地算计着功名利禄，为成为房奴、车奴、官奴、钱奴而沾沾自喜。

在槐树地方圆十公里内，父亲是颇有名气的"读书人"。受"不语怪力乱神"的他的影响，很长时间我都孤傲地远离塑像与村庙。当我有幸在华北的乡村——梨区奔走数年，置身于悠扬的唱诵经文（当地人俗称"念佛行好"）的声音、震耳欲聋的鼓声、呛人的香烟、简易的神棚中时，我才发现乡野庙会远远不是"迷信"两个字所能涵盖得了，能够一言以蔽之的。

千百年来，统治者欲驯服、收编或消灭的乡土宗教能够一直传承，自有它的生机所在。经过冯骥才等人的大声疾呼与身体力行，木版年画、剪纸

---

① 李景汉编，《定县社会概况调查》，第422—423页，北京：中国人民大学出版社，1986。

等民间有形的东西乃民间文化，是应该抢救和保护的民族文化遗产基本上已经成为社会共识，并在随后的文化遗产，尤其是非物质文化遗产名录中有了自己固定的座席。这固然令人欣慰。但是，如果仅仅是将这些东西写进各种名录，堆放进博物馆、展览台，扫描、编辑成书，摄像后做成金属碟片，而不走进老百姓的精神世界，看它们在老百姓生活世界中的意义，看到它们对千千万万仍在乡野生存、忙碌的民众的精神世界和日常生活的维系，那么我们或者永远都会离这些形式上固化的民间文化很远很远。原本活态的民间文化，依然只是风干的僵尸。①

实际上，简单地归类为艺术的年画、剪纸、"花会"等原本都有着宗教的内涵。不仅仅是已经名列国家级非物质文化遗产名录的京西妙峰山庙会、上海龙华庙会、广东佛山祖庙庙会，其他众多行政级别不同的所谓"口头与非物质"文化遗产，多少都包含着离经叛道的、有些不合拍的"迷信"成分。

因此，把自己在乡野庙会现场的见闻、所思、所感写下来，或者能有助于人们重新审视、打量活态且生机盎然的乡野庙会，而不仅仅是给乡野庙会贴上"迷信"与"愚昧"，或"民间文化""传统文化""非物质文化遗产"的任何一类标签。同时，我也试图为全面认知中国乡土社会的宗教提供些许鲜活的资料。出于对当事人的尊重，亦遵循学界书写惯例，本书对华北乡村的部分地名和人名采用了化名，请勿按图索骥。

---

① 冯骥才深知民间文化三昧。因此，他关注呈现民间文化的有形载体，更关注这些载体后的精神与意蕴。请参阅《民间灵气——癸未甲申田野考察档案》，北京：作家出版社，2005。

# 目录

# 3

# 4

# 5

举头三尺有神明

举头三尺有神明

# 1

# 一知半解

## 剑阁

"噫吁戏，危乎高哉，蜀道之难难于上青天！"

在险峻的蜀道之中，"剑阁峥嵘而崔嵬"，既有"一夫当关，万夫莫开"之险，也有细雨骑驴、借酒销魂的惬意与怅然。作为历史上入川的必经之道，李白、杜甫、陆游等历代文人的反复吟诵让剑阁增色不少。然而，这些或高亢或伤悲的千古吟唱，并未改变剑阁"蜀北残疆""民贫土瘠"[①]的社会事实。

作为 2008 年汶川大地震的重灾县之一，中央的扶持、各地的援建给剑阁带来了新的生机。因桥梁、道路等基础设施的建设，财政支出数额剧增。进入吉尼斯大全的巨大豆腐块，名列世界第二、亚洲第一的剑门关景区悬空玻璃景观平台等，绝对意味着地方经济的蓬勃发展。但是，这些进"大全"并上新闻的发展伟绩并未改变在这块土地上劳作的父老乡亲的宿命，山区的农业耕作仍以体力为主。贫穷、青翠的主色与绝望、堕落一道吞噬着昔日要塞的余晖。

---

[①] ［清］杨鹏羽，《剑州志序》，收于［清］李梅宾编纂，《剑州志》，清雍正五年（1727）。

古剑州城

今天重修的剑门关阁楼

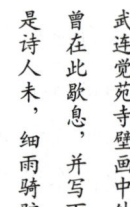

武连觉苑寺壁画中外闻名。陆游曾在此歇息，并写下了『此身合是诗人未，细雨骑驴入剑门』的佳句。

牛一直是剑阁人劳动的主要帮手。

举头三尺有神明

从这个犄角旮旯儿走出来的当代诗人、学者敬文东曾这样吟唱他的剑阁：

在剑阁，人民以山为家，
种植玉米、小麦、水稻，现在是烟草。
在剑阁，没有必要弄清是非。
在剑阁，洪水经常爬上明代的钟鼓楼。
在剑阁，县政府的小车队总压扁春节。

在剑阁，我丢下了许多渺小的残留物，
会被后起的人们收藏。
在剑阁，你可以变坏，允许你变坏。
在剑阁，我失去了，也得到了。
在剑阁，一切都将从头说起。

我就出生、成长在这欲说还休，剪不断、理还乱，至今人人都欲远走他乡并以此为荣的剑阁。作为昔日的咽喉之地，或以文化融合的名，或以"大一统"的义，剑阁屡经血雨腥风。对剑阁影响最大的莫过于三国时期的刘皇叔和他的臣子们了。如同开天辟地的盘古，诸葛亮、张飞、姜维和他们的对手邓艾、钟会都已经化作了这块土地上的山水树木，残留在地名、废墟、静土之中。诸葛孔明行军路过的演武场、武侯坡、点将台，猛张飞行军途中一拳捶打出来的"垂泉"，都散布在张飞号令栽下的（刘）皇柏延伸成的绵延千里的翠云廊。

# 家乡小庙

在剑阁，学界今天惯称的"土著"，早已无影无踪，没有了巴人的剽悍，没有了蜀人的"巴适"，也没有了羌人的悲叹。据传，我同样是被动移民的后裔，远祖是清初从陕西"填"到这里的，原因是大西国皇帝张献忠将这一带的人杀了不少。至于原本在陕西的远祖具体在哪个旮旮角角，是当地的"土著"，还是晃荡、强悍的"游民"，抑或身不由己被迫离开的移民，完全无从知晓。一直到我父亲这代人，岳姓与当地众多的其他姓氏子民一样，大家相安无事地生儿育女、男耕女织、养家糊口，没什么功名，也没什么不良记录。

父亲是在抗日战争相持阶段出生的。那时，国家的际遇不好，我们家的状况也很糟糕。自小营养不良的父亲，身体矮小羸弱。在伯父悄无声息地死于那场著名的上甘岭战役后，父亲也就成了老实巴交的祖父、祖母最后的救

金灿灿的要塞余晖（李元宝摄）

举头三尺有神明

命稻草。他们不但将已经过继给三祖父的父亲要了回来，还倾其所有让父亲上学。

童年时代的父亲在国民党统治下度过，其记忆也就有着那个时代鲜明的色彩。在我也长大成人，偶尔回家与他一起行走在熟悉的乡间小道上时，尤其是正好遇着"鬼乱串"的"七月半"，或者是家人聚首的旧历新年，父亲就会给我这个研习民俗学，主要研究庙会的"高学历"儿子讲述他小时见过的村庙，或者是他耳闻目睹的那个年代的庙会。

"龙王庙""尖庙子""坟坝子""碗泉庙""东王庙""朝阳观""木盖寺""开封庙""锦屏寺""白鹤寺"和"回龙观"等是我自小就跟着祖父、祖母、父亲、母亲会说的词，也经常去其指代的地方。这些词语背后的故事则是在学习民俗学后，我有意向父亲打听的结果。听这些故事，已过而立之年的我，仿佛又重新回到儿时。当然，一同念想的还有祖父的烟锅子、朗月下祖母的膝盖和夏天正午门楼边祖母缓摇的蒲扇。

今天，贴身的背篼同样是山区人必不可少的运输工具。

举头三尺有神明

让人魂牵梦绕的剑门古镇，这里的豆腐早已名扬天下。（李元宝摄）

翠云廊的皇柏（李元宝摄）

　　　　　举头三尺有神明

龙王庙在我家门前青云河上的石桥桥头。百年前，为了方便人们出行，石桥由住在青云河对面半山腰李家湾的李姓富户修建。因修此桥，他耗尽了家产，终至沦为乞丐。桥头的龙王庙是一个四壁由石板搭建的小庙，长年点有油灯，不少人烧香上供，禁止小孩进内玩耍。父亲为此就曾遭到过祖父的呵斥。如今，这座石桥仍在，李姓富人的名字久已无人知晓。庙的旧址早已经成为雨天流淌山水的水沟。因这座石桥，其周围遂有了"桥沟头"的俗称。

坟坝子离我家四五里地，是在一座大的空坟中修建的庙宇，但未等到香火兴旺，就解放了。这里遂成为我们村小学——灯塔小学的所在地。改革开放初，村里出资在我家门前的青云河段修建了一道拦河坝。在举国上下辞旧迎新的易名浪潮中，"灯塔"这个村名也就改为了"石堰"。两相比较，那座在这道拦河坝下游五六百米处，至今没有专名的龙王庙边的石桥更让人感怀。

朝阳观所在地是母亲出生的地方——郑家坝。那个山坳里的平坝，距离我家十余里，聚居着姓郑的老少乡亲。朝阳观曾经有一个很大的广场，庙会期间有赛马。当过保长的幺爷曾养几匹白马参加赛马。春节期间，人们要抬观中的菩萨游村，驱邪避灾。在20世纪六七十年代，郑家坝曾被命名为"红旗"。后来，它才被改为一心向着"红太阳"的"朝阳"。当我得知这里昔日曾有巨大而热闹的朝阳观时，我不禁佩服父辈们的智慧：可能他们想念的是那个香烟缭绕的道观。

木盖寺在土门山山脊上，修建此寺主要是为了赶集。为了抢在另一寺庙建成之前修好木盖寺，从而能将集市定在这里，急中生智的人们用木板封顶。木盖寺的名称由此而来。在新中国成立之后的头二十多年，这里也就成了土门乡（现名"国光"）乡政府的所在地。儿时，我在区政府所在地的开封庙上中学时，周末回家、上学都要路过这里。至今，木盖寺旧址上横七竖八的巨大条石笑看风雨。数十年来，附近的人家没有谁在修房时使用这些绝佳的石料。

白鹤寺是当年远近闻名的一座大寺庙，离我家约十五里地，其钟声响彻

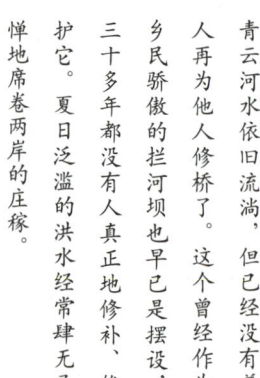

❥

青云河水依旧流淌，但已经没有善人再为他人修桥了。这个曾经作为乡民骄傲的拦河坝也早已是摆设，三十多年都没有人真正地修补、维护它。夏日泛滥的洪水经常肆无忌惮地席卷两岸的庄稼。

❥

这个小村被称为『槐树地』。经历了2008年的地震和2009年的洪灾之后，照片中的这些土坯房屋已经烟消云散，没有了踪影。

方圆十里。白鹤寺有很多土地，父辈们也将这些庙地称为"常业"。青云河桥头的龙王庙背后百余亩土地就是白鹤寺的常业。常业都是交通便利、土肥水茂的好地。至今，老家人都习惯性地叫这块地"常熟地"。祖父就曾租种过这块庙地的一小块。年幼的父亲曾亲眼看见长年不穿袈裟，身材高大、俨然恶霸的果明和尚带领人四处收租。因佃户交不起地租，果明和尚殴打佃户、霸占佃户妻女的事时有发生。在乡村，僧非僧、道非道，或者也是太世俗的释、道二教在清末以来整体性衰败的原因之一。

土改后，白鹤寺成为当地村民的住所。20世纪90年代初，乡政府也在此处树立了一块有"文物保护"字样的石碑，但这只是一块于事无补的石头。2002年春节，我专程来此寻访自己过去没有在意过的白鹤寺。住家多已搬走，另建新居。这里的房屋几近坍塌，仅仅是人们堆放柴草、杂物，甚或养鸡的地方，满目萧瑟。昔日的几块残碑凌乱地静卧在墙角或柴草之下，一如既往地任由岁月、风雨侵蚀。可喜的是，对神圣、神秘的庙的敬畏之心还在。没有人拆走昔日庙屋尚可用的建材。曾有一户人家试图拆走自己居住了多年的庙屋上的椽瓦，刚动工，男主人就受伤了。随后，如同木盖寺遗址的条石没人起心占用一样，也就没有人再想拆散、挪用白鹤寺的物事。

# 不语怪力乱神的父亲

父亲接受学校的书本教育是从1949年后开始的。他读书的高等小学就在距离我们家二十里地的开封庙。也就是在"庙产兴学"后的这座庙宇殿堂变形的学校内，父亲完全接受了科学与革命唯物主义。成年后的他对烧香拜佛敬鬼神等迷信行为嗤之以鼻、痛心疾首，甚至呵斥当事人。一生都有些不得志的父亲，在老家实际上成了真正移风易俗的勇士与典型，比吕纬甫更决绝、更彻底。

老家的人修房和建坟墓都要请风水先生看风水，只有父亲没有请过风水先生。老家办婚事都要择期、合八字、下彩礼、要聘礼，父亲自己的婚事和我们兄弟姊妹四个的婚事都从未这样做过。老家的红白喜事都要请咿咿呀呀的唢呐昼夜吹打，但在20世纪70年代末祖父去世时，父亲第一个借来了收录机放哀乐。80年代，大姐的婚礼，父亲用录音机放的是《婚礼进行曲》。几乎所有与父亲同辈的老家人都曾在无助、无奈之时找"阴神子"①给自己或

---

① "阴神子"是川北对神汉、巫婆的俗称。

家人看病看事，只有父亲不但自己不找，还劝阻甚或责备找阴神子的人。

　　我清楚地记得，儿时，年迈的祖父、祖母经常唠叨说，他们不孝顺的儿子在他们死后，一定连纸都不会给他们烧一张。那时，偎依在祖父母身旁，也不懂死和纸为何物的我，常常会接过话茬说："放心，将来我给你们烧。"实际上，我们姊妹兄弟四个在小时候都对祖父母说过同样的话。似乎是为了兑现儿时的诺言，尽管现在我们四人离家都是渐行渐远，但只要能回家，无论是不是节日或忌日，首要的一件事就是买纸，用最大面额的人民币踏印后，焚烧在茅草已深的祖父、祖母的坟头。从在小商铺买纸到摆上供品、燃烧的纸灰在坟头上空漂浮、焚香放炮、跪地磕头，这整个过程，老家人叫"烧纸"或"上坟"。在槐树地，媳妇一般不前往公公、婆婆的坟头烧纸，但会回娘家给自己过世的父母烧纸。

　　事实上，烧纸与否并不能说明我们就孝顺，父亲就不孝顺。母亲一直都说："世上只有孝子，哪有孝孙？"虽然孩提时代的我们常常替繁忙的父亲到坟头烧纸，但在我们都参加工作，父亲稍微闲暇的时候，他都会与我们一道前往祖父母的坟头烧纸。这十多年来，随着我们兄弟姐妹生活担子的增重，每年春节前都是父亲自己扛着锄头、提着撮箕，清理祖父母坟堆上的杂草，撒上一些新土，这是狭义的上坟。或者在父亲泾渭分明的分类学中，烧纸也好，上坟也好，都不在迷信之列，仅仅是一种习惯和无声的思念、缅怀。显然，父亲终究没能摆脱迷信与科学的分类陷阱，没能彻底地逃离怪力乱神的叙事迷雾。如是之故，烧纸、上坟、祭祖才成为一个光明正大的模糊地带。

　　父亲的激进，对旧习俗、观念以及"迷信"行为的拒斥，不仅仅是因为他在一定程度上接受了科学与文明的观念，也因为他很崇尚鲁迅，当然还因为生计所迫。父亲年少时，非常聪颖，小学升初中、初中升中专都是保送。在饿死人的"三年自然灾害"时期，他就读的中专自动解体而成为"短命"中专，父亲不得不回到乡里。由于伯父早已亡故，在那个年代读书很多、文化程度不低的"独苗"父亲被祖父母的眼泪绊住了双脚，滞居乡里。做过赤脚医生、裁缝的他，最终阴错阳差地成为一名在老家教过一家祖孙三代人的老教书先生。

刚回到家中的父亲，在经济十分拮据的情况下，还曾买了那个年代很普及的《鲁迅全集》。在我还怡然自得地骑在父亲脖子上时，父亲就给我讲述过"鲁迅踢鬼"的故事。由于父亲有过学医的经历，在污染还不严重，化肥、农药使用也较少的岁月，一般家人常见的小毛病父亲都能医治。多年来，他在槐树地也扮演了半个郎中的角色。对于阴神子，父亲不仅仅认为其装神弄鬼、骗钱恶心，事实上也有些"道不同不相为谋"的优越感。

父亲的激进更主要是因为他和母亲一道立志要把我们兄弟姊妹四人教育成才，真正脱了"农皮"并走出山村，不像他那样始终是以种地为主、艰难

站立在槐树地后山梁上的幺婆——2003年槐树地年龄最长的老人。

穷人的孩子早当家。三十年前，无论是工作还是读书，我们兄弟姊妹回家后必然与父母一同劳动。这是劳动间歇全家人唯一的一张合影。

其实，在金色的秋天，农村每个人都很疲惫。

举头三尺有神明

养家的"民办教师"。由于还要赡养双亲，父母不得不比左邻右舍花费更多的时间在田间地头奔波劳苦。平常赶集买卖物品，再远的路，父亲和母亲都是一早步行出发，买卖完之后，再走路回家吃饭，从不在街上的饭馆吃饭喝茶。因此，对旧观念和习俗的反对，对父亲而言是自然而然的事情，也有些以身作则、严于律己的味道。孩提时代，我从父亲嘴中听到的庙会与他现今较为中性的表述迥异。

在我多年后读到的这些宣传品中，赶庙会的人是头戴瓜皮帽，身穿紫红袍，腰束纺绸带，脚蹬风凉皮鞋，手拿小乌龟，口袋装泥娃娃，肩上扛五香豆的"二百五"。这些"傻帽儿"所带的物品不过是"一股香，两支蜡烛，三串元宝，四个爆竹，五个铜钱敬菩萨，六个鸡蛋当午饭，七根甘蔗解口渴，八块饼干防肚饥，九张草纸，十瓶十滴水"。[1]到庙会后，"二百五"们先给菩萨磕头，然后就看热闹。

# 七曲山大庙

虽然幼时的父亲曾随同祖父参加过庙会，但他的记忆是模糊的，何况他后来接受了烧香拜佛就是迷信和愚昧的观念，并自觉抵制这些东西。在父亲的影响下，我几乎与他一样，很长时间简单地将庙会视为应该"一棍子打死"的毒瘤和封建余孽。在父亲的管束下，也是出于自觉，在触碰民俗学之前，我都没有也没想过要到离我家仅七八十里地的梓潼县七曲山大庙去看看。

在过去从陕西进入四川的途中，与剑门关一样，七曲山同样是川陕古道上的文化明珠。只不过剑门关因险而名，因李白、杜甫的诗而名，因姜维、钟会交战而名，七曲山则因大庙而名，大庙则因文昌帝君（梓潼帝君）而名。

---

[1] 陈万镒等，《看庙会》，第1—6页，上海：新文艺出版社，1958。

这座位于川北古蜀道上的大庙是海内外供奉文昌帝君的祖庭。清代咸丰年间编纂的《重修梓潼县志》记载，开明十二世（前347），为了祭祀传闻帮助大禹治水有功的梓树神，蜀王在梓潼山（七曲山）修建了亚子祠。因"亚"与"恶"相通，故又名"恶子祠"。东晋末年，居住在梓潼山的张育自称蜀王，率兵抗击东晋对益州的进犯，最终战死绵竹（今德阳市黄许镇）。后人为了纪念张育，就在梓潼山亚子祠的北侧修建了"张育祠"。后来，这两座庙名演化为了人名"张亚子"。张亚子就是今天当地一般人所说的文昌帝君。

文昌帝君如何从一位地方神与魁星等结合，演化成为主管科举功名利禄之神而传播开去，最后得到官方认同并成为全国性的大神，学界已有很多详细的考证，并众说纷纭。[①]但七曲山附近的乡民们，即普通的信众，都相信文昌帝君张亚子就是本乡本土的人，并将其作为瘟神供奉。传闻张亚子是由年迈无子、靠打柴为生的张公、张婆的指血在九曲山碗泉泉水中相融而成，先是蛇形，后幻化成人形。为救父母，张亚子在二郎洞借水攻打梓潼许州，淹死了许多无辜百姓，被天庭惩罚，后苦学医术，拯救一方百姓，戴罪立功。如今，在大庙，瘟祖殿依旧赫然在目。

与国光乡和梓潼县马鸣乡相邻的碗泉现在是剑阁县的一个乡，正是因为上述文昌故事中的那眼泉水得名。20世纪80年代中期，在地方一位罗姓能人的号召下，碗泉庙得以重修，至今都有着不绝的香火。

1999年夏天，我在大庙调查时，不少信众对我说，瘟祖就是文昌的化身。包括马鸣、许州、碗泉、国光等方圆百里的乡村，有着很多文昌帝君庙。过去，人们常会抬着文昌的行身四处巡游，以洁净乡里，扫除瘟疫，保佑人畜等自然万物的平安。长久以来，农历正月初二至十四，马鸣乡红寨村一带的村民们都要举行隆重的迎神赛会。届时，人们鸣炮、燃香，去枫厢沟内的九皇观

---

① 关于文昌的来历与演化，可参阅萧崇素，《萧崇素民族民间文学论集》，第322—337页，成都：四川民族出版社，1999。关于文昌信仰的研究现状，可参阅王兴平、黄枝生、耿薰编，《中华文昌文化：国际文昌学术研究论文集》，成都：巴蜀书社，2004。

汇集了元、明、清三代建筑的大庙是国家级文物保护单位。

大庙附近很多村子过去都有文昌宫或庙。改革开放后，个别得以重建。

亲迎文昌到红寨、永丰、文门等村巡游。①

记得1984年春节，当有人抬着文昌行身到槐树地来巡游，母亲很兴奋地去看。事后，当听到母亲说有人将文昌塑像的下身烧毁时，父亲开怀大笑。那时，已经读中学的我，仍然少不更事。受父亲的影响，我同样有着"万般皆下品，唯有读书高"的自傲，从未曾动过心思要去看看，更未曾想到要去琢磨其中的奥妙。

改革开放后，春节期间的大庙热闹非常，也成为附近人们玩耍的一个去处，而且，每年还分春、秋两次过会（参加庙会）。春会在二月初一至十五，秋会在八月初一至十五。传闻二月初三是文昌帝君的生日，所以春会又叫"文昌会"。我儿时的伙伴几乎都去过大庙。虽然经常与伙伴们一起放牛、嬉戏，

---

① 关于红寨村一带的文昌信仰、阳戏等，已经有丰富的田野报告，可参阅于一、王康、陈文汉，《四川省梓潼县马鸣乡红寨村一带的梓潼阳戏》，台北：财团法人施合郑民俗文化基金会，1994。

新建的卖食品及旅游纪念品的帝乡街

但那时热衷于"科举功名"的我，连听他们讲述庙会逸闻趣事的兴致都没有。大庙与我近在咫尺，又远在天涯。

由于张亚子和张献忠都姓张，因此还有大庙是张献忠太庙的说法。有人说，改名大庙是为了在清代能保存住这座太庙。大庙今天的香火仍然很旺。因为存留有元、明、清三代的建筑，寺庙周围的大量古柏，以及文昌的盛名，这个非佛非道、亦佛亦道的信仰地是作为国家重点文物保护单位、蜀道上的旅游景点在主流话语中存在的。如今，不仅是从绵阳到大庙的一级公路两旁，甚至从成都到绵阳的高速公路两旁，都能不时看到对大庙和文昌帝君宣传的巨幅广告。

不论张亚子和张献忠有无关联，与其他地方一样，关于大庙已有的传说、文字将文昌这个地方神与正史上的帝王将相连在了一起。唐代诗人李商隐就写过一首名为《张恶子庙》的诗，诗云：

香烟弥漫的大庙

雄伟的『帝乡』

　　　　　　　举头三尺有神明

下马捧椒浆，迎神白玉堂。如何铁如意，独自与姚苌。

这是如今能看到的最早关于大庙的文字中，首次将张亚子与十六国时期杀死符坚、建立后秦的姚苌联系了起来。

大庙往北，古时有个驿站，叫"琅珰驿"，即今天的上亭铺。传闻"琅珰"二字是因风流皇帝唐玄宗而得。《云栈纪程》有载：

明皇入蜀，雨中闻铃声，问黄幡绰曰："铃语云何？"对曰："似谓三郎郎当！"三郎为明皇小字，时安禄山乱，明皇奔蜀，黄幡绰即事讥之。[①]

风流皇帝，也是杰出的政治家、优伶的唐明皇和他宠臣黄幡绰之间的对话，是否是后人的演绎与过度阐释，并不重要。重要的是，在日常交际中，今天的上亭铺人还是经常以"琅珰驿"指称他们的生活空间。

传闻唐玄宗逃命到大庙时，曾在大庙的一张石床小憩，并梦见张亚子给他托梦，说不久战乱将平，他可重回长安，再坐龙椅。果然，不久战乱即告平息，归朝后的唐玄宗于是封张亚子为"左丞相"。那张今天依然静卧在大庙的冰冷石床也就有了"应梦床"的美名。这些传闻在今天已成为"信史"，并记录在大庙文昌宫殿门旁：

史料记载："文昌帝君名梓潼帝君，姓张讳亚子，越西（今西昌市）人，因避母仇徙居七曲山，仕晋战殁，后人立庙祭之，唐宋屡封左丞相、济顺王、英显武烈王，元封'辅元开化文昌司禄宏仁帝君'，益钦定为'忠国、孝家、益民、正直之神'（忠孝典范）。"

现今，很难看见或听说人们专门将文昌作为一个供奉瘟祖的大型祭祀活

_____

① ［清］张邦伸，《云栈纪程》，清光绪十七年（1891）刻本。

动了。当地政府正竭力将大庙打造成著名文化旅游景点。出于不同目的的烧香者络绎不绝。而且，由于文昌保佑科举功名的声名在外，远近不少的学生、家长以及深受学校考核制度束缚的老师到大庙内的文昌塑像前，为自己、为他人求文昌保佑考中者络绎不绝。我第一次对文昌印象深刻就是因为类似原因。

# 脱“农皮”

20世纪80年代早、中期，在四川这样的人口大省，中考的激烈和紧张程度几乎丝毫不逊色于同期的高考，规模也远胜之。在那个计划经济色彩仍然鲜明的年代，农业户和非农业户两类人的生活、身份与地位有着天壤之别，在穿戴、言谈举止和择偶等日常生活的方方面面，都有着明显不同。在二者之间，无形的鸿沟远较有形的鸿沟深邃。

在进行了种种换喻和类比之后，长年与泥巴为伍的农民对有非农业户口的人就有多种命名：“公家人”“端铁饭碗的”“吃皇粮的”“住阴凉房子的”“不卖苦力的”，等等。

作为农民的后代，家长、孩子本人和整个社会的舆论导向都是要孩子早点脱“农皮”，以跻身非农业户口——公家人的行列，不再“面朝黄土背朝天”。

父亲在乡村是教书先生，但他与农民并无本质上的不同，因为他是只有“半碗饭”的民办教师。虽然工作量、考核并无差别，每月的工资却仅有公办教师工资的四分之一到五分之一。教书之外的余暇，父亲把精力都投入到田间地头的劳作之中。祖父过世的那年正是老家包产到户的时节，要养家糊口的父亲也就完全以“农民”的角色安顿自己的身心。与当时千千万万的农民兄弟一样，他首先希望的是我们姊妹弟兄能脱去“农皮”，整到一个“铁饭碗”，摆脱无情土地的桎梏。所幸的是，在双亲的言传身教与我们自己的努力下，我们姊妹弟兄四个，其中有三个都先后在剑阁师范学校毕业。

就当时的初中教育而言，老师都鼓励成绩好的农业户口学生考中师或中专，而不是考高中，上大学。对于乡村中学的学生而言，能读书的又是农业户口的优秀学生百分之九十都上了中师、中专。一个乡村的"戴帽初中"如果一年能考上三五个中师、中专，它就会吸引很多应届生和复读生前去就读。在川北，一个乡所在地的学校常以小学为主，但在20世纪90年代中期以前常常附设有初中，这样的初中被人们称为"戴帽初中"。与区所在地的专门以初中教育为主的重点中学相较，戴帽初中的师资配备、教学条件、教学质量都远低于重点中学，但生活环境并无太大差别。

无论是戴帽初中、重点初中还是村小学，与20世纪全国各地绝大多数学校一样，老家这些大大小小的学校基本都是庙宇改造的结果，至少基本都是庙宇或祠堂的遗址。20世纪70年代晚期，年久失修的坟坝子的校舍（庙宇）坍塌，我的小学生涯也基本是"游击式"地完成的。通常是借用家户较大的存放棺材的厅房（堂屋）临时作为教室，这些空间，晦暗而阴森，还不一定有桌椅板凳。没有见过窗明几净教室的同伴们并不觉得苦，依旧童趣不断，其乐融融。

故里孩童这种乐观、知足、安贫乐道的天性延续到20世纪末。1993年，在我任教的地处葫芦坝的那个戴帽初中，学生寄宿的宿舍的床铺依旧是我熟悉的用木棍、砖块支撑的简易通铺。像插红薯苗一样，八九平方米的房间通常要睡十一二个孩子，还得摆放他们各自盛放粮食和咸菜、泡菜、酸菜的大小木箱。被子通常是开学时背来，放寒、暑假时再背回家。严寒酷暑中的污浊空气、肆虐的老鼠、应季的蟑螂等动物如影随形地陪伴着生命力倔强的大小孩子们。一年四季，无论清浊，他们只能直接用青云河的河水洗脸，有时甚至直接用铝饭盒盛河水加米蒸饭。

那年冬天的一个晚上，小学五年级的一个男孩睡着之后，老鼠毫不心疼、逗乐式地咬掉了他右耳垂的一小块儿。早自习时，伤口的血迹已经凝固。老师见状问起时，同学们还以此为乐，哄堂大笑。没有校医院，也没有医务室，

老师只是拿了点自己喝的烧酒给孩子简单地涂抹了一下。奇怪的是，那孩子似乎百毒不侵，很是皮实，欢蹦乱跳如其他孩子，并未发生任何病变。

为了考上中师或中专，有的农村学生在上述环境的初中就耗费五年甚至六年时间，原因仅仅是为了脱去身上的农皮。在我中师毕业回乡教初三时，昔日的初中同学中还有人在各地补习初三。

# 灵验文昌

进师范学校读书一个多月后，一个非常聪明、很有绘画天赋的男同学与我一样，因为课本太简单，觉得读中师没有意思。于是，我们两人经常一起到学校前的闻溪河畔、学校后的卧龙山峦漫步聊天。由于中师生的身份在当

举头三尺有神明

时乡间是那样举足轻重，我俩没有谁敢提出退学或转读高中。这位同学也变得非常忧郁、伤感，很有点像今天年轻人都喜欢说的"郁闷""没劲儿""无聊""悲催"。

有一天，他突然问我："你信神吗？"接着自言自语道：

我原本不想读中师，很希望上高中，将来考大学。我从小都想上大学，可爸妈都希望我能上中师，早点脱去农皮。中考预选时，我考的分数是我们乡第一名，读重点高中毫无问题，所以第二次考试时，我都没太认真做题，没想到结果还是考上中师了。就在我拿到录取通知书时，我妈才告诉我，他们在我考试前到大庙烧香许愿了，求文昌老爷保佑我考上。今天是他们前往大庙还愿的日子。

我当时与他一样伤感，但听了他的叙说后，非常诧异于他父母的许愿、还愿，只问了一句："真的吗？"

随后不久，我慢慢得知，在我们班上五十多位同学中，不少人的父母都瞒着孩子前往大庙烧香许愿。大庙和文昌也就是在此时才给我留下了深刻印象，但我依旧没有前去看看的想法，哪怕是后来乘车从那里路过多次。由于有了这些同学的实例，所以在1999年暑假，当我首次到大庙进行田野调查，看到人们还愿给文昌帝君的旌旗、匾额时，当听说有的家长、学生和学校在电台、电视台给文昌帝君点播歌曲甚至录像、电影时，当置身在还愿人们烧得呛人的香烟和燃放的隆隆鞭炮声中时，我已经不再惊奇于人们的"愚昧"，而是有了试图回答为何如此的冲动。

也就是在这次调查中，我得知了许多关于文昌和大庙的知识，也知道虽然大庙成为当地政府重点打造的文化旅游项目，但是对前往烧香、跪拜的人而言，大庙里供奉的文昌是全能的神。在大庙"时雨亭"耸立的石碑上，醒目的碑文记载着，在1931年，梓潼县县长黄汝霖带领县绅到文昌祠向文昌求雨而得，缓解灾情，因此修建这座时雨亭的前因后果。在信众心目中，

这是当年同住一室的『骄子』们。十四五岁时，他们幸运地脱掉农皮，吃上了荣耀乡里的『皇粮』。

文昌监管、护佑着生活中的方方面面。在文昌帝君的塑像前，我目睹过有人向它求子，有人向它求婚姻美满、家庭和谐，有人向它求事业顺利、生意兴隆、加官晋爵。有位年过七旬的老者，则请求文昌帮他惩罚自己不孝的儿子。

也正是从这些虔诚的身影、迷惘的执着与充满期盼的眼神中，我知道文昌帝君在信奉者心中是真实存在的。文人虚饰的文昌、政府宣传的文昌、解签人叙说的文昌和学术写作中的文昌与这些崇拜者、求助者心目中的文昌大相径庭。

# 东山寺的善事

1990 年，我教书的地方在武侯坡山脚下。山腰有个垭口，叫"东山垭"。过去，东山垭有一座东山寺，庙会会期在每年的农历二月十五。当时，东山寺尚未能得以重建。山脚下的村民是临时聚首，搭建简易的棚子，摆放神像过会，群策群力地烧香礼佛，虔诚跪拜，施舍粥茶。

注意到这个庙会是因为我班上一个成绩十分优秀、但家境贫寒的学生在二月十五这天上学意外地迟到了。在我问讯他迟到的原因时，他说，因为这两天是东山垭庙会，他寡居的母亲一直为庙会筹粮做斋。早上，他帮母亲挑水，尽管比平常早起许多，但还是迟到了。黄昏，我到他家家访时，他母亲仍在庙会现场忙碌。

学生母亲年龄在四十岁左右，无情的岁月已经深深地印刻在她的额头，染白了她满头黑发。看见我后，她说："老师，孩子今天是不是迟到了？你知道的，我们是在做善事，神会保佑我们母子的。孩子读书从不迟到，也就今天，你原谅他吧？"

我无言以对，能说什么呢？

2004 年夏日，当我有机会再路过这里时，东山寺已经得以重新修建，还挂起了"东山寺文化公园"和"老人活动中心"的牌子。正门两边的对联号召人们要"相信科学"，但对联之间罗列的则是"神佛名诞会期"。谁都知道，农村的老人是很少有闲暇专程到半山腰的这里来休歇的。

总之，在开始学习民俗学前，我从未正视和思考过家乡曾有过的村庙、神灵和父老乡亲对神灵的膜拜。虽然不像父亲那样激烈反对，但也一直敬而远之。有机会走在庙会现场，有机会对百姓的生活和文化了解更多，我却不屑一顾，而是冷漠地在文字垒砌的世界中跋涉。真正正视、平视乡野庙会，不简单地将其视为迷信、愚昧，并深入地走在庙会现场，对绵延不绝的乡野庙会进行思考是在1998年上研究生之后。由此延续多年在乡野的漫步和凝视，不是在四川老家，而是在一望无际的华北平原。

重建后的东山寺也挂起了『文化公园』的牌子。

举头三尺有神明

牛王菩萨

东山寺真正灵验的神是这个牛王。

青水秀集

或者因为是姓『东』的缘故，这里也有了岱祠。

# 2
# 循环再生的龙牌会

## 显赫的龙牌会

我第一次进行田野调查的地方是在石家庄市东南 40 多公里的赵县。在到达赵县之前，我对那里几乎一无所知，只知道要调查龙牌会。

"问我老家在何处，山西洪洞大槐树""问我老家在哪里，大槐树下老鸹窝"，是当下华北多数村庄对自己族源的群体口头记忆。同样，今天范庄的大姓范姓，相传也是明朝初年从山西洪洞大槐树移民而来。有五千余人的范庄是同名镇镇政府的所在地，是赵县东部的政治、经济、交通以及文化中心，其集贸市场乃河北省十大农村集贸市场之一。范庄村所在地曾经是滹沱河的故道。与今天因产梨而相对富庶不同，过去这一带多沙地，自然生态条件并不好。

如今，因地处范庄，龙牌会的显赫也就非左近的他村庙会可比。因产梨的果林经济和学界的调查研究、媒介的报道，在 20 世纪 90 年代中期之后，从二月初一到初三，前来过会的会众有数万之众。龙牌会不但很快跃升为赵县最大的庙会之一，其声名还播布海内外。

据传，龙牌会早先是醮会，与范庄西北二十里地的豆腐庄皇醮会有着关

　　　　举头三尺有神明

龙牌会现今供奉的 1996 年新做的龙牌

家户中供奉的龙牌神马

系。按豆腐庄村民的说法，早年龙牌会过会时，多数神马都是从他们村借的。龙牌会在每年农历二月初二举行，主要由 18 户会头负责，供奉一个木制龙牌，上写有"天地三界十方真宰龙之神位"。包括会头，信众习惯上将这个龙牌称为"龙牌爷""龙牌老人家"等。二月二是龙牌会的正日子。

以前，龙牌会由"当家的"组织庙会。现在，龙牌会会头们公推有正、副会长。

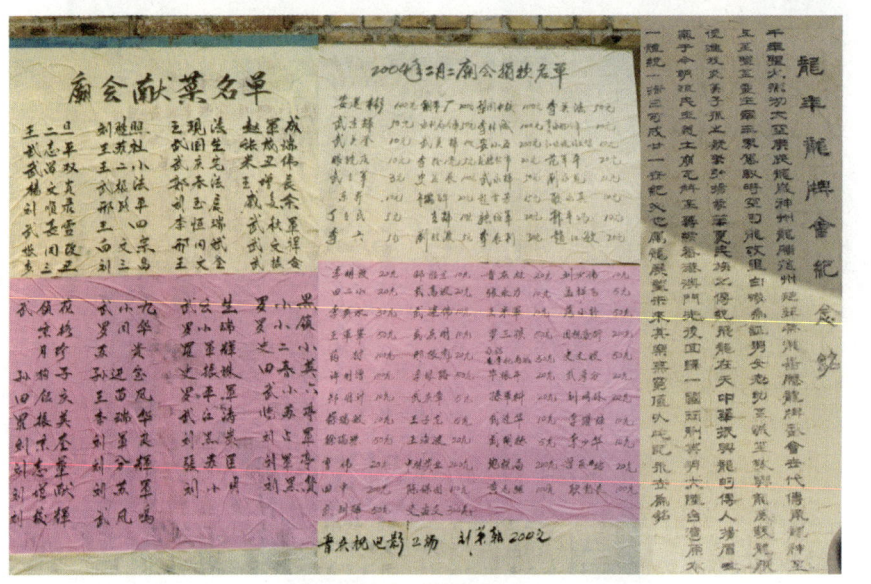

这些内容不同的展板每年都放在龙牌会现场。

龙牌会也就由会长牵头组织庙会，但人们仍习惯性地称正会长为"当家的"。龙牌会庙委会下设有伙房、龙棚、什好班①、文宣、戏班、烧水班、会计组、烟火班、保卫组、库房等部门，分门别类地负责庙会期间的诸多事宜。每年

①即秧歌、碌碡、旱船、战鼓、西洋鼓等前来过会，娱神娱人并参加巡游的远近班社。

　　　　举头三尺有神明

1999年龙牌会前夕，正在搭建中的龙棚

庙会期间，庙委会都将组织机构、筹备会名单、捐款名单、献菜名单，介绍龙牌会由来的文字、有身份的来访人物写的赞颂龙牌会的诗词等写在展板上，竖立在临时搭建的龙棚门口。

2003 年，人们殚精竭虑地修建了"龙祖庙"（也称"龙祖殿"）。与信众的称谓不同，镇政府、县政府的公职人员在公开场合则以"龙文化博物馆"称之。这样，同一座建筑，有了并行不悖、各取所需的"官名"和"小号"两种名号。2006 年，龙牌会跻身河北省省级非物质文化遗产名录后，在两种名号之外，又有了"省级非物质文化遗产"的雅号。很快，龙祖庙前庄严地树立起了两块通体高近三米的石碑。龙牌会的由来和前来造访的海内外知名专家学者的名字都永久性地铭刻在了石碑上。

没有修建龙祖庙之前，龙牌由 18 户会头轮值在各自家中供奉。在每年农历二月初一将龙牌从上一年轮值会头的家中抬到在村中空地临时搭建的龙棚中，让远近的香客、庙会组织前来膜拜。在龙牌抬出来之前，包括由范庄中小学生组成的表演队伍在内，前来赶会的庙会组织和花会都尽可能地先到会头家祭拜、表演。龙牌从会头家抬出来后，要绕街行走，游行的队伍拖得老长。

那几天，周围村庄"行好的"的个人和群体都会纷纷前来祭拜龙牌。一

搭建好的龙棚（1999 年）

放在龙棚门口的缸。当地有俗语『搅搅缸，不生疮；搅搅瓮，不生病』。

范庄中小学生自发组织的秧歌队在会头家表演。

2003年农历二月初一，在把龙牌从会头家请出之前，远近花会在会头家院内表演。

从会头家将龙牌抬出来了。这时，犹如亲人离开，虔信的女主人常潸然泪下，悲痛欲绝。

上午10点，前往龙祖殿的花会和龙牌队伍绕街游行。

举头三尺有神明

般而言，前来参加龙牌会的远近他村的庙会组织常多达五六十个。这些庙会组织的人数在十到二十人不等，甚或更多。他们有自己的领头人，表明其所属村和庙的会旗，"念佛"（唱诵经文）时由铙、钵、镲、鼓等所组成的乐队。龙牌会专门设有登记这些庙会组织的接待处。由于前来赶会的庙会组织多，每年庙会期间，相对近而且早到的曹庄的行好的都主动帮忙迎接前来过会的部分庙会组织。因此，曹庄人常常自豪地说："曹庄的人不来，范庄的龙牌不往外抬。"

庙会期间，龙牌会要解决前来上香过会的外村香客、庙会组织及各种助兴表演花会的午餐。庙会的大伙房常常设在范庄的学校。因为龙牌会期间戒荤，饮食主要是干粮（馒头）和添加了粉条、白菜的汤，全是素食。要吃斋饭的人每人得象征性地交五角钱的斋钱。前来赶会的庙会组织的油钱、斋钱都交在接待处，并登记造册。包括龙牌会所有会头，范庄本村人不会前往大伙房就餐。

游行队伍

久违了的拉洋片（张虎生摄于2002年）

举头三尺有神明

繁忙的接待处

接待处

曹庄人帮忙的

午餐时的大伙房

终于安静的大伙房

举头三尺有神明

来自赵县的军乐团也在龙牌会有其一席之地。

气功、武术表演

设在村委院内、免费食用的小伙房，则专门接待各级领导和外来学者、记者、摄影家。多年来，这些人，少则数十，多则数百。龙牌会负责外事的人会专门造册登记，清楚地写下各人的姓名、头衔、单位和联系方式。小伙房的饮食要丰富得多。乡亲们也尽可能迎合他们的讲究和生活习惯，不但有专人收拾碗筷，饭桌上还特意铺上一层白色的塑料薄膜。

庙会期间，范庄中小学校放假。龙牌会还组织有象棋比赛、书法比赛、谜语竞猜等活动。围绕龙牌会，远近的商户、鼓会、武术队、歌舞等娱乐表演团体，当地政府组织的科技宣传组、法制宣传组等都纷纷来此抢占地段，摆摊设点，熙熙攘攘。二月初二晚上九点左右，长达半个多小时的焰火吸引了范庄多数人，并将人们的激情推至高潮。二月初四，人们再将龙牌抬到下一年轮值供奉的会头家中。

# "行好"的会头

　　对于龙牌会的会头而言，他们的生活中一年有三个"六"，即腊月十六、正月初六和二月初六。腊月十六，正副会长等要聚在一起商议开年后龙牌会如何举办，召开筹备会议；正月初六，当家的要给包括会头在内的范庄热心龙牌会的行好的分工，明确每个人在庙会期间的职责；二月初六，会头们要聚在一起，对当年的龙牌会进行总结，会长向大家公布当年庙会的收支。

　　会头是龙牌会的支柱与核心，是干实事的人。对于一户会头而言，不仅仅是出面参与庙委会各项组织活动的男主人是会头，女主人同样也天然地被人们视为会头。当然，女主人主要是围绕着龙牌转。事实上，这些"主内"的女会头才是龙牌信仰的真正传承者。以各自的直觉和习惯的方式，男女会头们轮流侍奉龙牌并传递对龙牌的信仰，宣扬龙牌的灵验。当龙牌会作为一

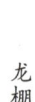

龙棚中的守候

举头三尺有神明

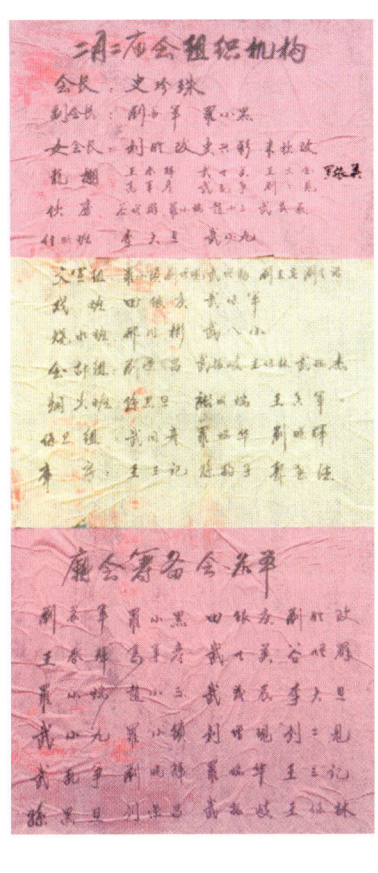

个庙会组织前往他村参加庙会时，一般都是会头家的女主人前往。除了关系特别好的庙会，男主人很少前往。

　　由于会头不但要信奉龙牌，长年侍奉龙牌，庙会期间义务做很多事，而且在自己家轮值侍奉龙牌时还要负责香火钱的收支，因此，并不是所有人都愿意成为会头，也不是愿意成为会头的人就能成为会头。在某户人家申请成为会头时，原有的会头要考察该户人家的上一辈和下一辈，看是否品行端正，有无恶行。

根据众多老会头及老年人回忆，1949年之前约有十二三户会头，全是贫民。现有的会头大多数是祖传，也有新近入会的。成为会头并无什么严格限制和特殊标准，主要看这个人是否"行好"，信奉龙牌。"行好"是当地使用频率很高的词汇，具体地说它有以下几层含义：1. 积德行善，吃气让人，遵纪守法；2. 尊老爱幼，走路让路；3. 烧香叩头，诚心念佛，虔心礼佛，热心过会；4. 不与人争地头，打架骂架，等等。也即，所有善的、好的言行举止皆可称之为"行好"。

会头之间出于共同对龙牌的信奉，相互信赖。但庙会期间，前一年轮值的会头都要在请出龙牌之前，在龙牌前烧"法纸"，向龙牌爷和其他会头及行好的表明自己的正直、清白。烧纸的时候，常是该家的女会头和其他女会头一起进行。她们先将约20厘米高、10厘米宽的黄表纸捏成或折成筒状，将上端点燃后竖放，并口念"烧起来烧起来"。如果烧着的黄表纸飞升起来，就表明该会头对龙牌爷的诚心、正直与清白——未私吞香油钱。如果烧着的纸没有飞升起来，其他人也不会说什么，当事人会再烧纸。

现在，对于求助于龙牌的一般信众而言，不论何时，如果在龙牌前烧的黄表纸没有飞升起来，就意味着烧纸的人心不诚，龙牌没有接受烧纸者的供献和求乞。当事人就不得不再次烧法纸，直至飞升起来。

无论过去还是现在，龙牌会当家的都必须办事公道，处事利落，正直，无半点私心，令会头心服口服。逝去的当家的中，人们能回忆起的有1949年之前的武老丫和1949年之后的刘疯子。另外，龙牌会一直有帮会。帮会是帮助轮值会头侍奉龙牌的人家，但他自己家不参与轮值侍奉龙牌。帮会可以是本村人，也可以是外村人。帮会是一种身份，也是从普通信众到会头的过渡阶段。

龙牌会期间，会头们不但白天忙得不亦乐乎，晚上还要分班轮流在龙棚、库房值班，他们中的每个人都有明确的职责。已退位的老会头会自觉分担一些庙会期间的琐事，如看火池（倒香灰、纸灰的坑）、烧开水等。

平日的龙祖殿

庙会期间，龙祖殿淹没在人流之中。

　　平常，供奉龙牌的会头家一年四季的白天晚上都必须留有人在家侍奉龙牌，并为前来烧香的人提供方便。早上起床洗漱后，轮值会头家就要有人给龙牌烧香、烧纸，晚饭后、睡觉前也要给龙牌烧香和烧纸，日日如此。农历每月初一、十五，前来上香的人多些，轮值侍奉龙牌的会头家的人会更忙。至于如何确定每年由哪户会头侍奉龙牌，有事先排好顺序和年前抓阄儿两种说法。这些由会头内定，属于内部知识，其他人不得而知。

　　现在，一直处于"隐性"的女性也在龙牌会中公开担当起重要角色。2004年的龙牌会组织机构名单中，首次有了女会长一栏，并列出了三位女会长的名字。

　　2003年，当得到政府批准，龙牌会自筹资金的龙祖庙修建好之后，龙牌就固定在了龙祖庙中，不再迎送。龙牌会的仪式也趋于简化。轮值的会头家仍有专人常年在龙祖庙中侍奉龙牌。要烧香敬拜、许愿还愿的人也就前往龙祖庙。

# 口述的龙牌会

实际上，龙牌会自从产生以来，一直"与时俱进"。根据不同的社会环境，龙牌会不断调整自身，并非是在今天才发生了这些变化。在此种意义上，传统与现代之间没有一道泾渭分明的分水岭，并不存在一成不变的传统。传统是现代的传统，现代是传统的现代。或者正是因为这样，龙牌会才得以传衍下来。

龙牌会究竟缘何而来呢？它大致经历了哪些变化？1999年3月18日下午5点，在龙棚外的火池旁，龙牌会前任会头祥老人（1928年出生）给我讲述了他所知道及经历的龙牌会的三起三落：

康熙年间，范庄就有了龙牌会。那时龙牌会规模小，二月二上供，但究竟起源于何时已不知道了。范庄及附近的任村、曹庄都是滹沱河的故道。滹沱河改道后，这一带全是沙土，天特别干旱，人们只能靠天吃饭，经常是五六月还没有安上苗，地里光秃秃的，生活特别困难。这样过了几年，就有几位老人在二月二出来，搬几张桌子搭个庙，摆个神位供奉起来，看能否下雨。供龙需龙牌，就做了龙牌——龙的牌位，求雨。一开始向龙牌许愿：七天内下了雨就世代供奉。结果，到四五天时就下了雨，庄稼种上了。大家很高兴，便开始合伙买菜、做大馍供奉龙牌，并一代一代地往下传。

村与村之间常互相走动，咱们村向龙牌求雨灵验的事迅速传遍了四周的村子，再遇到旱年种不上粮，就有人晚上来偷龙牌。其实，也不是真正就要偷龙牌，而是来沾水（借水）——沾点龙牌的灵气。这种时候，村子中就有人用盆端水或用桶提水上房，向偷龙牌的人洒水。水本来就很少，沾上水的人就赶紧往回跑，回到自己村子，赶紧把龙的神位供奉起来，有的七天，有的八天也就下雨了。下雨之后，这些村子的人便往范庄送水。慢慢地，偷龙牌、送水的人越来越多，范庄龙牌的名气也就越来越大。

清末，庙会时，供奉龙牌搭的是小庙棚，同时管香客的一顿午饭，并有唱戏的。后来，小棚变成大棚，有三四间屋那么大。这一带人都信龙神，都感谢龙神。有文化的人看的书多，勾龙究竟是怎么一回事我说不太清楚。

八国联军侵华时，龙棚不搭了。二月二只是烧烧香，这是龙牌会的第一次衰落。民国时，平安种地，过日子稍好些，龙牌会又闹开了，附近村子的人都来赶会，规模一年比一年大。1937年，抗日战争刚开始不久，日本鬼子就到了范庄一带，那年我10岁。在贤门楼有日本鬼子的据点，因为贤门楼的富人、伪军多，也就是说那边亲日的人多。八路来时，除藏在农民家里，还藏梨树林里。日本鬼子就更不愿在范庄设据点。但鬼子对范庄实行"三光"政策。那时，范庄有350户人家，鬼子烧了280户，范庄闹八路的人也就更多了。

一开始，日本鬼子没有禁止人们赶庙会，人们仍搭棚唱戏。可是有两年在二月初一、初二上午等赶庙会的人多了时，鬼子就带着枪来抓年轻力壮的男人去修路、修工事，中午也不管饭吃，天黑后再放回去。这样折腾两年，龙牌会就垮了。

1944年，日本人还没走，赵庆印带着两人到我家把龙牌砸了。那年是我祖父老才供奉龙牌。

解放战争时，龙牌会没有了。十二三户人家仍偷偷摸摸地给龙牌上香磕头，但只有三四天时间。那时是一个小龙牌，形状与现在的一样，有两尺多高，一尺半宽，全是在晚上偷偷抬送。那时，会头全是贫苦人家，他们一心侍奉龙牌，一心为大家，在村子中威信很高。这是龙牌会的第二次衰落。

新中国成立之后，龙牌又被搬了出来，不几年土改开始，龙牌又被藏起来。到日子时，大家悄悄烧几炷香，上上供就算了事。再到后来，龙牌也没有摆脱被烧的命。

1974年，刘疯子、大旦、正气他娘和我四人又合力将龙牌请了出来。刘疯子即刘兰成，他是新四军出身，当过营长，1951年因耳聋再加上有点精神病便从部队上回来了。他有一个闺女嫁在邻村，但他不要闺女供养，自己一个人过日子。去逝已有十多年了。大旦也去世了，他弟弟二旦七十多岁了，

现在仍当会头。正气他娘是贤门楼的人，90岁了，38岁就守寡，因为差不多长我一辈，也不好问她叫什么，只知道她姓高。龙牌首先供奉在大旦家，然后是我家，这不，又传了二十五年。

在大旦家时，棚都没搭；在我家时，搭了一个小棚，而且门外还有人放哨。第三年是在文全家，龙牌公开供奉。公开供奉就有了香油钱，也建了账。我管账管了七八年。过庙会时，同样搭台唱戏。

后来，公社不让搭棚唱戏。刘疯子和我便去找县里、找公社。最后，公社同意搭棚唱戏了。

遇到香油钱多的年份，刘疯子就将钱存了定期，以备将来的庙会缺钱时用。同时，这存款遇哪家有事时也可借用，有时也捐部分给学校。会中的另一笔收入是给乡民出租搭龙棚用的木板和木棒，每块或每根二角钱。村民对此很感激，尤其是那些建房的人家。

…………

# 逐渐"长大"的龙牌

不仅是因应龙祖庙的修建，祭拜的地点和相应的庙会仪式发生了变化，龙牌本身也在发生着巨大的变化。现今龙祖庙中的龙牌是1996年用厚重的木板新做的，花费近万元人民币，龙牌包括底座高2.45米，宽1.18米。在范庄人的有限记忆中，这已经是第五次重新制作龙牌。最初的龙牌是纸折的，然后才改为木制的。现存放在龙牌会库房中的木制龙牌按时间的后移逐渐增大，从二尺多高到四尺多高。龙牌的逐渐放大是伴随着龙牌会的规模和影响日益扩大的。"长大"的龙牌彰显的是龙牌的灵验和当今龙牌会作为一个区域中心型庙会的经济实力，以及龙牌会在赵县乡野庙会中龙头老大的地位。

人们一直在传，范庄附近的大夫庄也有一个龙牌。据说大夫庄的这块龙牌是赵县东端九龙口铁佛寺的遗物。改革开放初期，大夫庄的村民也围绕这个龙牌在二月二过会，只不过规模很小。现今，大夫庄的龙牌已经成为私人财物。1999年3月和2002年5月，我数次造访都没有结果。2002年5月，在铁佛寺庙会，来自大夫庄的四个茶棚中都有纸画的龙牌，其大小、形制相仿，但上面的字则不一，或"天地三界十方真宰之神位"，或"万岁万岁万万岁"。每个茶棚都强调自己的龙牌是按照真正的龙牌绘制的。

2003年7月，经过多方打探，我终于找到大夫庄龙牌现在的主人家。或者是为了保卫龙牌，她家养了条格外凶狠的大狼狗。远远地在门外等待了很长时间，传音示人后，我才得以进了院门。女主人很热情地接待了我，讲述县城中的大寺和县文物局的人等都想要这个龙牌，但并不承认龙牌在她家。同样，警惕性很高的她，只给我看了供奉在她家中的龙牌的仿制品。与众多大夫庄人一样，女主人同样强调范庄现今的大龙牌就是当年仿效她们的龙牌做的。当重新回到烈日中时，我有些沮丧地默念道："说不准这龙牌真是个宝，

要不干吗秘不示人？"

　　我们不知道范庄人是否是按大夫庄的龙牌制作了现今的龙牌，或者曾经专程来看过大夫庄的龙牌。从今天范庄龙牌会保存的四块龙牌，我们能推知范庄人只不过是在不同的时期逐步将他们自己的龙牌放大，也确实成功地让

举头三尺有神明

自己供奉的龙牌长大。像一个长大成人必将远游的孩子一样，范庄的龙牌已经完全脱离了这个华北腹地小村的局限，走向了广阔的天地。相反，无论是保守心态还是趋附心理作祟，或另有他因，秘不示人的大夫庄的龙牌或者永远也没有见天日的机会。大夫庄人不留痕迹的强调，多少有点"我也曾阔过啦"的精神胜利和"羡慕嫉妒恨"的失落。

# 外来的和尚好念经

在今天的人文社会科学界，尤其是民俗学界和人类学界，范庄龙牌会是一个不少学者熟悉的名字。因为与顾颉刚、钟敬文等大师的名字相连，北京城西郊的妙峰山在中国民俗学的发轫期和改革开放以来的复兴期都是大多民俗学者心目中的"圣地"。①不但魂牵梦绕，而且著述不断，硕果累累。②改革开放以来，如果说在民俗学界还有一个地方可以与妙峰山相媲美的话，那就是在 20 世纪 90 年代之前都名不见经传的范庄龙牌会。

自从 1990 年前后，龙牌会公开化以来，它就吸引了一批又一批的国内外学者前往调查研究。从 1995 年起，北京师范大学、北京大学、中央民族大学以及中国社会科学院、中国民俗学会等单位和团体，每年都是例行性地组织人员前往龙牌会追踪调查。事实上，范庄成为中国民俗学会和北京师范大学

---

① 刘锡诚编，《妙峰山·世纪之交的中国民俗流变》，第 330 页，北京：中国城市出版社，1996。

② 如：王晓莉，《碧霞元君信仰与妙峰山香客村落活动的研究——以北京地区与涧沟村的香客活动为个案》，北京：北京师范大学博士学位论文，2002；吴效群，《妙峰山：北京民间社会的历史变迁》，北京：人民出版社，2006；孙庆忠主编，《妙峰山：民间文化的记忆与传承》，北京：知识产权出版社，2011；孙庆忠主编，《妙峰山：香会组织的传承与处境》，北京：知识产权出版社，2011；张青仁，《个体的香会——百年来北京城"井"字里外的社会、关系与信仰》，北京：北京师范大学博士学位论文，2013；岳永逸主编，《中国节日志·妙峰山庙会》，北京：光明日报出版社，2014。

与香客一样繁忙的调查者

　　　　　举头三尺有神明

民俗学学科的田野调查基地。迄今为止，公开刊发在不同学术刊物上关于龙牌会的中、英文研究论文和调查报告已经有40多篇，并出现了专著。①当地人每年都邀请前来调查的专家学者题字、合影。部分年份，人们还组织召开座谈会，将会头、地方文化人和外来人召集一室，互相交流，尤其是希望外来的学者建言献策，从而使龙牌会越办越好。

妙峰山地处京郊，与宫廷文化有着更多的渊源。数代学者对它的重视，有不言而喻的理由。一个小乡村的龙牌会何以会引起学界如此浓厚且长久不衰的兴致？作为一个因神话和信仰而起、传承不绝的，以敬拜神祇为核心的群体庆典、庙会，龙牌会似乎也成了一个"神话"。不少前往龙牌会的学者似乎都或有意或无意地参与到这个神话的书写中，并传播着龙牌会乃中华民族龙崇拜的"活化石"等"高大上"的观念，为龙牌会添加着学术意义和道义上的"合法性"。

1999年3月，当我首次前往范庄调查龙牌会时，除带了一台照相机和自己的一双眼睛外，在知识上，我几乎没有做任何准备。这实在有违田野作业的基本规范。因为是"人研究人"②，在进行田野作业之前，田野工作者就必须要进行物质、精神、相关知识、技能和身体等多方面的准备。③但是，刚刚进入民俗学大门的我实在不知道该准备什么，也不知道怎样准备。对学校不熟悉，对图书分类的糊涂，也使自己不知该如何去查阅文献。因此，怀着去

① 如：刘铁梁，《村落庙会的传统及调整——范庄"龙牌会"与其他几个村落庙会的比较》，见郭于华主编，《仪式与社会变迁》，第252—309页，北京：社会科学文献出版社，2000；Xudong Zhao & Duran Bell："Miaohui: The Temples Meeting Festival in North China"，*China Information*, vol. XXI., no.3(2005), p.457—479；高丙中，《民间文化与公民社会：中国现代历程的文化研究》，第11—22、245—258、293—306页，北京：北京大学出版社，2008；岳永逸，《灵验·磕头·传说：民众信仰的阴面与阳面》，第85—168页，北京：生活·读书·新知三联书店，2010；华智亚，《龙牌会：一个冀中南村落中的民间宗教》，上海：上海人民出版社，2013。

② Robert A. Georges and Michael O. Jones, *People Studying People:The Human Element in Fieldwork*, Berkeley: University of California Press, 1980.

③ Bruce Jackson, *Fieldwork*, Champaign: University of Illinois Press, 1987;

看一看，或者说"玩一玩"的心理，我两手空空地前往了。或者，心中一片空白地前往并不是一无是处，因为我的很多问题就是在龙牌会现场发现和形成的。

现今看来，对从事田野调查的研究者而言，产生文化震惊和促进思考的"陌生感"至关重要。被很多学者强调的"陌生感"或者正是对"外来的和尚好念经"的现代诠释与转译。外来的"和尚"面孔新颖，当地人不了解他，他也不了解当地人。更为关键的是，当地人尚不知外来的他是否会常住"沙家浜"。如此，无论是防范还是出击，因为双方共有的好奇、潜在的窥视欲，相互之间也就有了磁场，有了魅力，有了碰出火花的可能。当然，"陌生感"这一由俗到雅的提升、意译多少有些晦涩。在变成学术写作中的专有名词之后，大白话丧失了不少俗语原本有的受众。

在一无所知的情况下，面对与自己享有的迥然有别的文化场景，新奇感会自然而然地产生，而不是能够保持与否的问题。由于是在对龙牌会一无所知的情况下前往调查，所以到了那里，看见什么就问什么。这样，可能浪费了些时间，但对所调查的事项则没有先入为主的观念的羁绊，从而使后续的调查研究存在着多种生发的可能性。而且，如果要在一个地方长时间从事调查研究，"见什么问什么"这种对地方的基本感知——源自身心的直观感觉——非常必要。因为民众的生活世界本身就是一个有机整体，是一张密织的网，而非各不相干的断裂的板块。在对调查地有了基本的感知后，自己调查研究的对象可能就会更明晰地凸现出来。


# 想象力与瞎想


对龙牌会所有现象的新奇、疑问，在使我直接通过当事人对其有了基本了解的同时，也让我感觉到龙棚门口向外界宣传的《二月二龙牌会由来》一文的可疑之处，并逐渐将自己的问题集中到了这上面来。二十余年来，这篇文章作为龙牌会对外宣传的"官方文本"被制作成展板，每年庙会期间都竖立在龙棚门口，直至刻写成石碑，巍然耸立。文章中有下述内容：

　　据老一辈人传说，龙牌是纪念勾龙的，勾龙是二月二的生日，这里的老百姓十分崇拜勾龙。勾龙又是谁呢？相传遥远的古代，自盘古氏开天辟地造出万物，人类就有了部落，部落首领叫共工氏。传说共工氏是一个人面蛇身、能耐很大的人物，他带领部落以打猎为主。后来一个叫颛顼的，与共工氏争地盘，二人打战起来，只战的（得）天昏地暗、飞沙走石，以至把天打了个窟窿，从此大雨下个不止，沥水成灾，万物难以生存，害的（得）女娲氏花了很大功夫炼石才把天补好。共工氏被战败，共工氏的儿子勾龙也被赶的（得）无法存站。勾龙带领部落来到范庄一带另辟天地。那时候遍地都是洪水，无法打猎，勾龙有排山倒海的本领，便带领部落治水造田，栽培谷物，从那时起人们以食五谷生存下来，勾龙带（领）着部落过着安居乐业的生活。可是颛顼时有侵吞之心，一次将勾龙部落围困的（得）风雨不透。颛顼要勾龙让出领导地位。勾龙为了拯救部落，便化为一道白气，变成一只白娥（蛾）飘然而去。每年正月一过，范庄一带便有白娥（蛾）翩翩飞来。人们便认为是勾龙显圣，为表示对勾龙的崇敬，设龙牌来供奉，龙牌就是勾龙的化身。

　　每年二月二，这里的人们便搭醮棚、设香火、闹花会、唱大戏、迎神祝贺。久而久之，便形成了年年二月二过"龙牌会"的习俗。庙会期间，老百姓家忌五荤，以五谷素食为主，以示纪念。老一辈人又传说勾龙就是土地爷，据《礼记》上说："共工氏的儿子勾龙，能平水土祀为社神。"[1]看来是有根据的。

　　1999年，站在龙棚外写有该文的展板前，我不禁暗自困惑，这不是一个

---

①《礼记·祭法》："共工氏霸九州也，其子曰后土，能平九州，故祀以为社。"后土，别称"勾龙"。

敫武县就设在此地。这里有一个传统庙会——二月二"龙牌会"。据老一辈人传说，龙牌是纪念勾龙的，勾龙是二月二的生日，这里的老百姓十分崇拜勾龙。勾龙又是谁呢，相传这里的古代，自盘古氏开天辟地，造出万物，人类就有了部落，部落首领叫共工氏，传说共工是一个人面蛇身，能耐很大的人物，他带领部落以打猎为主。后来一个叫颛顼的，与共工氏争地盘，二人打起战来，只战的天昏地暗，飞沙走石，以至把天打了个窟窿，从此大雨下个不止，洪水成灾，万物难以生存，害的女娲氏花了很大功夫炼石才把天补好。共工氏被战败，共工氏的儿子勾龙也被赶的无法存站。勾龙率部落来到范左一带另辟天地，那时候这地都是洪水无法打搅，勾龙带领排山倒海的不领，便带领部落治水造田，栽培谷物，从那时起人们以食五谷生存下来，勾龙带领部落过着安居乐业的生活。可是颛顼时有侵吞之心，一次将勾龙部落团团的围而不透，颛顼要勾龙让出领导地位。勾龙为了挽救部落，便化为一道白气，变成一只白娥飘然而去。每年正月一过，范左一带便有白娥翩翩飞来，人们便认为是勾龙显圣，为表示对勾龙的崇敬，设龙牌来供奉，龙牌就是勾龙的化身。

每年二月二，这里的人们便搭戏棚、设香火、闹花会、唱大戏、道神祝贺，久而久之，便形成了年年二月二过龙牌会的习俗。庙会期间，老百姓家忌五荤，以五谷素食为主，以示纪念。老一辈人又传说勾龙就是土地爷，据礼记社说"共工氏的儿子勾龙，能平水土祀为社神。"看来是有根据的。

龙牌会里设有会头，每年轮一家安排，外来为龙牌祝贺的友人，四村八乡的来客，有的吹打、有踩高跷的、有打着鼓的，有杂技、魔术、有大戏小曲等各乡花会，自二月初一至初五纷纷云集范左，大街小巷处处热闹翻天。龙牌供于广场大棚里，还供奉有盘古氏、伏羲氏、神农氏、造字的仓颉、医学家孙思邈、张仲景、华佗、四大发明家等对人类有贡献的先人，里三层，外三层，祭礼诸神，人来人往，香火不断……

龙牌会是群众自发组织起来的民俗团体，例会都有会头组织按排，这里的老百姓由于对龙牌非常尊崇，自发的有钱的出钱，有力的出力，每年的民俗活动都搞得轰轰烈烈、热热闹闹，吸引着四面八方的乡宾客，影响深远。今逢盛世，年年丰收，户户有余，有的拿出笔款项资助，有的拿出块二八毛油钱表示诚意。这笔奉神所得的油钱，取之于民，用之于民，有得用于庙会招待四方宾客，有的酬谢来自各乡的花会、文艺团体，有的款资助学校兴办教育，有得用于扶困济贫。

历年二月二，龙左龙牌会，人山人海，盛况空前，祭礼祖先，祗是虔，娱乐热闹是实，欢腾、祥和，给游人留下深刻印象。

小小的上古神话集吗？从这段文字中，我们毫不费力地就能发现盘古开天辟地、共工颛顼之战、女娲补天、洪水等远古神话的影子。难道就在这个华北小村还在活态地流传着这些远古神话？它会不会是因为某种原因，在当下的语境中编造出来的？甚至直接是把这些上古神话连缀成篇后，改头换面、添枝加叶的结果？

于是，在1999年的龙牌会现场，"勾龙之说"成了我询问和调查的焦点。祥老人这种较为系统和完备的关于龙牌会历史的"土著知识"的讲述，就是这样被问出来的。两相比较，我更愿意相信同样读书识字，且是家传会头的祥老人的讲述。这并非口述史就一定可信，还因为关于勾龙问题，范庄人有着多种不同的回答。

相当一部分信奉龙牌，围绕着龙牌转的人根本不知道勾龙是谁。二月初一、初二在龙棚遇到的大多数香客（包括部分中小学生）都不知道龙牌之龙是勾龙。他们只知道龙就是龙，龙就是神，是祖先传下来的，向龙牌烧香、磕头、跪拜、祈祷，龙牌就会保佑家人的平安，为自己和家人降福。范庄的天滓老人（1917年出生）说："龙就是龙，与关公、观音等家神不同，龙神是祖神。祖神是祖先传下来的，必须供奉，得先供奉祖神，再供家神。"

部分人对勾龙的说法特别恐惧、忌讳。当我问一位年近七旬、背有些驼的老人"你知道勾龙吗？"时，他显得特别恐惧，惊慌失措地摇头摆手，连声说："不知道，不知道。字怎么读那是你们的事，我不知道，也不敢乱说乱读，说错了不吉利。"尚未说完，老人便匆匆离去。当然，或者我问到的部分人并不是信奉龙牌的人。后来，我才知道，如今范庄还有其他数种宗教信仰在传播。因此，不仅仅是今天，可能"范庄人"从来就不是一个均质的概念。相异其趣的是，我们外来人往往会主观地将当地所有人作为一个均质的"集体人"看待。尤其是那些短期在当地从事本土调查研究，走马观花后就凭借自己想象大胆创作、自信心满满地大书特书的人。

很有可能的是，无论过去较为均质、趋同的传统乡村社会，还是今天较为异质、日趋多元的现代乡村社会，一定地域中的"民"和民俗之"民"

有人在家中与家神一起供奉龙牌。

都是学者一种虚妄的想象，是故意忽略了很多异质性而简括出来的。可以这么说，"民"在多数研究者那里大致都是一个"想象的共同体"（imaged communities）或者"想象的异邦"。

当然，这种想象并非有益于正确推论的合理想象，而是置事实于不顾或对事实一知半解的伤弓之鸟惊曲木式的瞎想。对米尔斯而言，社会学以及社会学家的想象力是一种"心智的品质"。这种品质可以帮助人们"利用信息增进理性"，从而使人们"看清世事"，以及"或许就发生在他们之间的事情的清晰全貌"，知晓更广阔的历史舞台，尤其是"能看到在杂乱无章的日常经历中，个人常常是怎样错误地认识自己的社会地位的"。①

在某种程度上，这种似是而非的想象——瞎想也使得早期献身于乡土教育，走向民间的知识分子们对民有着或积极或消极的不切实际的分类，而忽视了民自己对生活世界的认知、执着与主动性、能动性：要么将民视为国人

---

① [美] 米尔斯（C. Wright Mills），《社会学的想象力》（*The Sociological Imagination*），陈强、张永强译，第3页，北京：生活·读书·新知三联书店，2001。

的希望所在，浪漫、温馨而朴实，是承载着中华民族优良美德的一群；要么将民视为集愚、弱、穷、私等劣根性、陋习于一身，身心都必须重塑、规训、教育的一群。

在范庄，还有明显知道勾龙原本不叫勾龙，但因觉得对范庄有益而仍称作勾龙的人。一位曾担任过龙牌会理事会理事的中年人说："这个问题怎么说呢？我这样说吧，叫'勾龙'比不叫'勾龙'对范庄更有益！"

结合祥老人的讲述，从这种种情形，我们不难发现，将龙牌会的"龙"和龙牌之"龙"说成"勾龙"，可能是想象力和瞎想不乏小聪明的偷情之果。虽误入歧途，却愈偷愈欢，乐不思归。在今天"文化搭台，经济唱戏"等"拉郎配式"的地方政策的规引下，部分地方精英为了将龙牌会推出去，引起官方、社会与学界的注意，原本无可厚非，但它却掩盖并淡化了信众——龙牌信仰实践者的虔诚。对于信仰者而言，他们不在乎龙牌是谁，他们只希求龙牌"老人家"能解决他们生活中的实际问题，或者仅仅祈求"龙牌爷"听他们的诉说与唠叨。

如果不在田野现场，显然是无法发现这多种解释文本和当下的传统的循环再生的。由于龙牌会之龙乃勾龙已经成为龙牌会起源的权威说法被多数调查者所引用，也得到了部分范庄人的认同，它也就成为今天"龙牌会叙事学"散发着淡淡光晕的公开语本，并且有了诗意。这样，原有的龙牌会不停地被不同的人进行着"文化再生产"。正是因为有了这一公开语本，龙牌会也才在赵县上下成为合法的"民俗""民间文化""庙会"，直至成为河北省省级非物质文化遗产。

事实上，由于主流话语长期将乡野庙会视为迷信散布和传播的场所与集中体现，将部分乡野庙宇及其内塑像定位为"文物"；改革开放后又不时将其视为民间文化、传统文化、民俗文化或者有形或无形的文化遗产，部分"复兴"的乡野庙会为了获得其公开生存的合法性、合理性，不得不在解释上尽可能与官方话语一致，把它说成是民间文化，或者尽力挖掘其民间文化的特质；在仪式实践层面，则仍然烧香求神。

当然，1949 年以后，政府对求神拜佛的庙会史无前例地强力改造与禁绝，城乡的物资交流大会、工厂的技术成果展示等却都还是沿用了"庙会"一词。直至今天，享誉世界的北京中关村，都还举行电脑、软件、数码等之类的庙会。这些不同程度地增加了"庙会"这个词语义的含混，也给不同群体的人在不同场合根据不同需要对实质不一的庙会进行多样化的解释提供了可能。龙牌会在不自觉中就采用了"复合"再生产的方式和"复调"多声部演奏。正因为如此，龙牌会成功地引起了学界的关注，得到地方政府的默许。

2003 年 3 月，我前往赵县调查其他庙会时，有人对我说："调查别的庙会干啥？那都是迷信，你为什么不去调查龙牌会？那是民间文化，是民俗！"当时，我哭笑不得。我不知道作为赵县本地人的他，究竟对龙牌会和赵县的其他庙会了解多少？这些庙会在本质上有着怎样的不同？显然，我不能苛责他。

# 广播稿中的龙牌会

从 1995 年开始，就有成批的学者前往调查龙牌会。1996 年，在龙牌会首次大规模地欢迎前来考察的学者时，二月初一、初二早晨在村喇叭上对村民讲的广播稿是这样的：

全体村民同志们：

形式独特、规模成套、一年一度的范庄龙牌会即将来临。在这世人瞩目、万众同庆的盛大节日里，龙牌会筹备会在各级党政和有关部门的关怀和支持下，在我村广大村民（和周边民间宗教组织）、文化团体（及有一技之长的有志之士）诚心参与和帮助下，自去冬至今春，在有组织、有计划地进行着每一项工作。

我们为庙会组织了精彩的民间文艺活动，有大戏、歌舞、马戏、魔术、杂技、战鼓、挎鼓、高跷、狮子、武术、拉碌碡、跑旱船等，共计八九十班。另有十好玩意儿、烟花爆竹等项目。

今年庙会期间有省、市、县八家电视台、十家日报社以及河北省民俗学会、中国民俗学会、中国对外旅游局等领导学者，同国内外留学生数十人前来考察、采访。

本会还将举办首届象棋比赛，特邀象棋大师刘其瑞以及赵县历届比赛前三名到会做表演赛。还设有书法、献词、献诗展览，备有笔墨纸张，望各地书法爱好者为弘扬龙文化前来献艺。

本会还继续举办"有奖征联"活动，希望爱好对对联的同志前来应对。

今年还新设农村科技生活常识专栏，特邀范庄镇人民政府科技站到会做技术咨询服务，希望广大果农将在管理果林实践中所碰到的疑难问题带到庙会上做技术咨询。

我们希望各机关团体、村民百姓，踊跃参与，把这次盛会办成一个教育鼓舞人团结、奋发向上的盛会。发挥民族凝集力，促进经济文化建设，振兴范庄，奔小康，真正体现"文化搭台，经济唱戏"。

这就要求全体村民心齐、劲足，积极参与每一项活动，做好每一项工作，同时在言语和行动上自始至终体现范庄村民的精神面貌。文明用语，尊老爱幼，与人为善，以善为本。因为我们华夏民族炎黄子孙是龙的传人，龙作为华夏民族的图腾，在我们心目中的地位是神圣崇高的。千百年来龙一直激励我们奋发向上，自强不息，我们是龙的传人，龙的子孙崇龙敬龙就是不忘祖宗，不要忘记历史，更不要忘记自己是龙的传人。

二月二龙抬头，在这龙的生日里我们每一个龙的传人要崇龙敬龙，迎春图腾，自觉自愿为龙神献忠心，使这次盛会规模更加宏大，内容更加丰富多彩，文明健康。

范庄龙牌会

以后历年的广播稿都采用了大致相同的模式和句式，只是更改了个别字句。广播稿和上述《由来》一文在精神上是一脉相通的，即强调：龙牌会是"社会主义精神文明建设"的一部分，进行的是有益于地方的、积极向上和健康的文化建设，弘扬的是传统龙文化，发展的是地方经济。龙牌会是范庄这些"龙的传人"彰显中华民族"龙的精神"的载体与地方表达。这些革命性、盟誓性的话语巧妙地叠加了民族主义不容置疑、至高无上的威权，掷地有声，义正词严，神圣而不可侵犯。

根据多方寻访，我得知这广播稿和《由来》一文都不是龙牌会会头所写，而是闲居在家的、被会头们认为是有知识和文化的范庄人所写。会头们认为读书识字、见多识广的他们，写得在理。由于"龙牌会"和"龙的传人"都有一个"龙"字，范庄这个在华北并不起眼的小村通过"广播稿式"的表述，顺理成章地加入到了中华民族精神大旗的扛旗队伍中。原本旨在祈求风调雨顺、祛灾辟邪，通过烧香、叩拜、念佛、看香等仪式行为解决个体生活中失衡的龙牌会，也就成了龙文化的载体和大写的中华民族精神的表征。

在这些地方文化人的叙事诗学中，不但范庄、龙牌会是大写的、国家的，而且民族国家更是范庄的和龙牌的。如果说广播稿仅仅只是对龙牌会性质自我提升的一份宣言书，那么与这份宣言书一道，并且出现得更早的《由来》一文则近似于先期的理论论证。鉴于这多方面的原因，勾龙之说被人们大书特书也就不足为奇。多种身份和不同用意的范庄人为了获取龙牌会公开举办机会的一次写作行为，也就成了今天"现代民族国家神话"的一个组成部分。

包括前文提及的 2003 年龙祖庙的成功修建，都与对龙的认定密切相关。地方政府将其称为"龙文化博物馆"，信众私下里则称为"龙祖庙""龙祖殿"。县委、县政府派专人分别参加了龙文化博物馆破土动工的奠基仪式和落成的揭牌仪式。2003 年二月初一揭牌仪式的当天，政府派专人负责在大殿中展示了一些龙文化的图片。对于地处华北腹地的这个小村而言，这些都是有面子和"长脸"的事。

尽管龙祖庙的修建让龙牌会的会头吃了很多苦，花费了大量的钱、力与

1999年龙棚上的标语

物，但龙祖庙的成功修建还是让龙牌会会头们、行好的自豪，也让邻村欲修庙而不能的人艳羡不已。自此，龙祖庙也就在事实上成为高大龙牌的栖身之所，成为尽力修建龙祖庙的会头们和行好的活动场所。传言起源于醮会的龙牌会也就完全成为一个有了庙的庙会。


# 念佛的与照相的


普通信众并不关心如何定位龙牌。由于在 1999 年之前我从未亲眼看见如此虔诚的身影，所以当目睹这些沿着龙棚中的牌位、神像逐一双手合十叩拜、烧香、上供的中老年妇人时，我忍不住冒昧地问："你知道你拜的是谁吗？"她们大多很茫然地看着我，摇头说："不知道，不知道。在这里的都是神，是神就得拜，他们会降福的！"在老百姓的心目中，只要对大家有益的，同时也高不可及的就是神。他们并不在乎神的称谓，而是竭力表现出自己的虔诚。对神的分门别类并非普通信众的事，那是怀有不同目的的形形色色的"识字族"

的一种操作。套用一下宗迪兄的话，"文字只是一张皮"。[①]

但是，并非每一个到龙棚中叩首的人都是同样的虔诚，尤其是在今天信息文明、科技文明已经不同程度地渗透进乡土的年代。写广播稿和《由来》一文的人主要意在借龙牌会推动地方的发展，就是那些在龙牌前很投入地念佛的他村庙会组织，他们对龙牌的信仰程度也不相同，有的甚至根本就不信龙牌。

1999年3月18日下午，在龙牌前，贤门楼李姓老者（1921年出生）说："我一字不识，念佛是自小向村里别的老人学的。贤门楼会念'历史经'的人很多，范庄会念的很少。虽快八十了，我却一直都没许过愿，我的子孙们也不许愿。我每年都赶庙会念佛是因为这些日子在家里闲着没事，出来走走。"稍后，前来龙牌会念佛的曹庄的刘姓老者（1934年出生）和黄姓老者（1922年出生）都说："我们每年都来唱，唱'请龙牌'，范庄会唱"请龙牌"的少。我们这伙人有二十多个，小的四十多岁，老的八十多岁，附近村子的庙会一般我们都去唱。到我们村的老母庙会时，其他村子念佛的也会去唱。周围这些村子有庙会的都有一批念佛的，到庙会时大家都互相'捧场'。"范庄黄老太太（1931年出生）说："我本不信奉龙牌，听别人的建议，在龙牌前念佛使我难以治愈的头痛病好了，所以每年庙会期间，我都要来龙牌前念佛。"

在当地，"念佛"的也说"唱经"。无论是"佛"还是"经"，庙会现场的这些唱诵与佛教的经卷和道教的阴骘文、洞经并无多少关联，而是一度曾经在华北广为流传的与白莲教诸多支派关联更紧的宝卷残本。在传唱、念诵的过程中，当地人又根据自己的理解变换了不少字句。目前，随着识字的人的增多，梨区每个庙会组织都有自己手抄本的佛。庙会期间，或拿手抄本，或不拿手抄本，群体性地在神像前念佛、唱诵神灵，格外醒目。念佛请神、送神更是必备的仪程。因此，在日常生活中，老乡们也自然将"念佛"和"行好"连带使用，二者甚至成为等义词，以示与梨区的天主教徒相区别。

---

① 刘宗迪，《古典的草根》，第38—47页，北京：生活·读书·新知三联书店，2010。

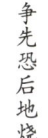

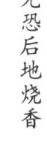

跪下的祈祷（华智亚
摄于 2002 年）

争先恐后地烧香

龙牌老人家，我给了
一块钱。

龙棚中闲聊的老者

戏台也是老人们喜欢的地方。

小孩子们对传统似乎情有独钟。

举头三尺有神明

他村庙会组织在龙牌前的唱诵（华智亚摄于2002年）

群体敬拜

在龙棚这个多人参与、出场的表演情境中，当面对今天在乡村仍然少见的相机、摄像机的镜头时，念佛老者们的声音更加高亢、热烈，并不时地注视他们已经部分了解、见怪不怪的镜头。由于已经有调查者主动免费给他们的合作者照相并将相片邮寄回去，不少合作者常简单地将前来调查的人称为"照相的"，而且是"免费照相的"，并主动要求给他们照相。这也是我在田野现场经常遇到的情形，并时常处于尴尬和不知何为的窘境之中。这样，对闪烁镜头的不同理解、运用与借用，成为龙牌会现场的一部分。

2003年，当我再次住在范庄时，几位老人津津乐道地给我讲述的是，他们看见了本村的谁在电视上，谁在报纸上。渐渐地，他们也会识别调查者谁手中拿的是摄像机，谁拿的是照相机。对拿摄像机的人，部分人也就显得更加热情、主动。

对于虔诚的中老年人而言，到龙棚或后来的龙祖庙敬神、谢神、求神固然为其主要目的，但同时走动走动、打打鼓、扭扭秧歌、在龙牌前念佛等无疑也是一次在众人面前展示才华、大显身手的好时机。包括念佛在内，往往表演得好的人其周围便会迅速聚拢一大群人。相当一部分年轻人不如老年人虔诚，对神半信半疑，但这同样是他们放松、获取外界信息、聚会、交流的最佳时机。他们（并不包括虔诚的那一部分）象征性地去龙棚烧香、磕头之后便涌向了现代歌舞等演艺和游乐场所，实地感受现代娱乐文化的气息，或者在龙棚周围观看那些来此调查采访的外来人。这其中也包括不少老年人，现代歌舞场所的人数几乎与龙棚的人数相当。到下午三点左右，无论是龙棚、娱乐场所还是市场，人都很稀少，外村人纷纷回家了。


# 喇叭与传说


在范庄，与过去一样，龙牌灵验的老旧传说在消退，新的灵验传说在产生。

对生长、生活在范庄又不太信龙牌，也无其他宗教信仰的普通村民而言，他们同样怀着一种"宁可信其有，不可信其无"的心理，尽量不做有损于龙牌和龙牌会的事。龙牌会期间，范庄笼罩在一种神圣的氛围中，人们忌吃荤。每年龙牌会期间，原本是村委才能用的象征话语权的高音喇叭，也归龙牌会使用，以方便龙牌会组织者通知各种事情，村委、村政府的领导则暂时处于隐形状态，或者以村民的身份直接服务于龙牌会。

每年二月初一、初二早晨五点钟左右，高音喇叭宣读的内容就有《戒五荤》：

范庄老乡们：

今年二月二龙牌会即将到来。老乡们要发扬老一辈风俗传统，从二月初一早五点到初四下午四点，一律戒五荤，望各饭店、门市、摊点以及全体村民一律遵守。

范庄龙牌会

对抗战时日本人不在范庄驻军，更多的人都相信是龙牌保佑的缘故。人们传说就在鬼子攻到贤门楼，准备到范庄时，范庄村西的晒场上空升起一个圆圆的大火球，照红半边天空。火球中能隐隐约约地看到一条愤怒的张牙舞爪的巨龙向贤门楼吐着火焰，信神的鬼子望而却步了。后来，鬼子来抓人、扫荡，都未禁止龙牌会，也未砸毁龙牌。

正是这些流传的故事，在相当意义上规约了人们对龙牌的信仰。生活在范庄的信众对这些故事是熟悉的，龙牌之龙是谁就无关紧要了。

实际上，1999年我对龙牌会的调查仍然是片面的，主要关注的是对勾龙的多种说法，在某种意义上将龙牌会从范庄人的日常生活世界中剥离了出来，也忽视了范庄存在的其他信仰和龙牌会与其他村庙会之间的关系，对范庄人的生产生活和生态环境都知之甚少。在感动于信奉者执着的同时，也对新神话的编造有着本能的反感。这些问题都是我在后来几年的调查中才慢慢体会和自我反思时觉察到的。

1999 年 3 月 17 日，在龙牌会调查的间歇，我还有幸随同刘铁梁教授一同前往了范庄东边十多里开外，也是赵县最东端的铁佛寺。那是一个有些阴晦的日子，天空低矮，四围的梨树地中一大片空地上矗立着大大小小的庙宇。周围没有住户，梨树地中间或有一两个劳作的身影。整个铁佛寺显得寂寥而落寞。所有的庙门都上了锁，只能透过门缝看见神像的局部，门边纷纷写了修建日期，多数都是 20 世纪 90 年代以来修建的。每个小庙中供奉的神灵各不相同。引导我们的，一个自称"宙宇"的村民说："这个庙会可大了，比龙牌会大多了，明代就有。你们为什么不来调查这个庙会呢？"

当时，我数了数，这里共计有大小 29 个庙宇。为什么会有这样多的庙宇？谁来拜？出于好奇，当时暗下决心，如有机会，一定要来调查调查。

# 3
# 京郊"朝圣"与梨区漫步

## 十里不同"村"

　　1999 年 3 月对龙牌会的调查仅仅是我对赵县庙会调查的序曲。除了对龙牌会新造起源神话的追根溯源，我当初还有很多困惑：当地人对龙牌和那些画在布帛上的神马的虔诚；在四川老家很难见到的震耳欲聋的鼓声；犹如重大庆典时天安门广场才有的照亮宇际的焰火；龙棚中人们的"看香"；等等。看香，当地人又叫"打香""瞧香"，指能让神灵附体上身的人"香道的"，即通常意义上的神汉巫婆，根据香炉中一炷香或三枝香的燃势与火焰形状，来判断求助者的吉凶祸福、命运、前程等。简言之，我困惑于人们的激情和虔诚究竟是怎样被激发和传承？其动力何在？

　　尽管受父亲的影响，在相当长的时期，我将烧香拜佛视为毫无益处、浪费钱财的迷信，到龙牌会之前没有目睹老家及外地的任何庙会，但我并非生活在真空中，老家哪儿有庙会我还是常常听说。可是在剑阁，我从没有听说过如龙牌会规模的庙会。因为老家每个村的年轻人能外出打工的都外出了，村中留下的多是老弱病残幼。有的村甚至连村干部也选不出来。同时，老家确实贫困，人们没有余钱来修复曾经四布的村庙。这种情况下，就是有人想张罗，也张罗不起庙会。旧历新年，老家也没有了儿时的欢闹，只能在交岁之时，听到零星的鞭炮声，与冬日绿树的浓烈很不相称。

在范庄，人们的经济生活与东南沿海等发达地区相较还有相当的差距，却远胜于西南老家，并不算寒碜、贫穷。不管虔诚度怎样，竟然有那样多的人前仆后继地过会，一群一群地匍匐跪拜。片面地认为贫穷导致愚昧，进而走向神灵的三段论的逻辑推论是不能立足的。物质确实很有力量，但人类的精神活动并不完全取决于物质生产与物质生活。"安贫乐道""知足常乐""随遇而安"的中国古训早就揭示了经济基础和上层建筑的不对称和不匹配定律。同样，晚清以来发生在中国的社会事实表明：科学昌明确实能很快地改变人们的物质生活，也可能很快影响个体的精神生活，但与群体、社区的去神化、去圣化并没有必然的逻辑关联。

由于在很大程度上沾了首都的光，曾经让我产生时空错位感的一度是京郊首富的那个村子已经不是严格意义上的农村。这些土地被征收，农民整体离地转型，并搬进单元房的村子，很有点类似于如今对国人而言已不新奇，也有些不伦不类的学术表达，诸如"村落的终结""农民的终结"等。

在这个村子，村民都不再靠种地为生，而是以给旅游公司或邻近的高尔夫球场打工为业。靠卖地、开发房地产，村委出资改造、新修了原有的民居：一部分是直插蓝天的高耸塔楼；一部分是平铺地面，整齐划一，排排如兵营般的四合院。据说，搬迁后相当长的一段时间，居住在四合院的村民，尤其是酒醉后的爷们儿，走错家门的事常有发生。让人称奇的是，不少村民家使用燃气灶、抽油烟机的现代化厨房中仍然供奉有灶王等神祇的神马，并摆设有油碗和香炉。院门上则多贴有门神。

同样都是农村，为什么南北、东西会有这样大的差异？当再次回到赵县时，带着困惑的我将自己的视野扩大到了包括赵县部分村庄在内的整个梨区的庙会，但这已经是 2002 年的事了。梨区是一个学名，包括范庄在内，主要指范庄附近以产梨为主，分属比邻的三个县的 60 多个村庄。这一带曾经都是滹沱河的故道，有长期栽培梨的历史。

# 妙峰山"朝圣"

　　1999 年 5 月，也就是从龙牌会回来后不久，刚学习民俗学的我也曾到妙峰山一游，而且是从妙峰山脚下步行四小时上山，第一次真切体会到田野研究者体能的重要性。由于出汗过多，在距离金顶不到百米的地方，我严重脱水，寸步难行，让同行的杰文兄担心了好一阵。之所以步行，原因有三。一是当时对北京还很陌生，不熟悉交通。所乘坐的公交车将我们扔到路边后，自己高亢地吹着喇叭疾驰而去。其次是还有点"朝圣"情结。从文献中得知，当年朝山的香客甚至个别的学者都是走上去的。自己沿着他们的足迹走走，或者会有意外的收获。再次，想趁机沿途调查，因为已经是妙峰山的会期了。果然，走了不到十分钟。我们就看见了贴在路边电线杆上的"会报子"。但是，也仅是这张会报子，沿途再无别的所见。妙峰山已经完全没有了顾颉刚先生

金顶妙峰山

凝聚历史和荣耀的妙
峰山香会的会旗

当今一个妙峰山香会
的行头

等人记录的熙熙攘攘、摩肩接踵的光景。人少了，香会也没有以往那样多。

改革开放后，妙峰山作为一个"老娘娘"（碧霞元君）的信仰圣地，其庙会被归属到京西旅游公司。对妙峰山的保护、开发与利用，主要是经济利益的驱动。那天晚上，在金顶狭小而阴暗的房间里，我遇到了一位香会负责人。他不停地抽烟，一个劲地叙说着旅游公司的不是和自己的重要。次日，金顶的凉爽和经过"净山雨"沐浴后的盎然绿意，让我这个在南国青山绿水中长大的乡村人多少有些心旷神怡，自得其乐，不再问任何人什么问题。在尽情饱览山色之后，和许多游人一样，我"戴福还家"了。

因为种种原因，随后的日子有相当一部分时间和精力，我跟随在国内外享有盛名的人类学家乔健教授从事了清末民初北京天桥街头艺人的研究，并以此为题撰写了硕士学位论文。早先研究过纳瓦霍印第安人、瑶民和客家人的乔健教授从20世纪90年代起，格外关注中国传统社会中娼妓、乐户、乞丐、

举头三尺有神明

两个香会拜知（张成福摄于2004年）

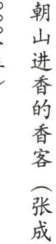

朝山进香的香客（张成福摄于2004年）

优伶、杂耍艺人等群体。在其系列研究中，他将这些群体称之为"底边阶级"，将其组成的社会称为"边缘社会"，并将之视为透彻认识中国传统社会和中国文化的金钥匙。①

---

① 参阅乔健、刘贯文、李天生，《乐户：田野调查与历史追踪》，台北：唐山出版社，2001；乔健编著，《底边阶级与边缘社会：传统与现代》，台北：立绪文化事业有限公司，2007。

如同我后来勾画的老天桥艺人的群像那样①，这些底边群体在社会地位、生活方式、伦理道德和价值观念等方面迥异于士、农、工、商等群体。他们被我们传统主流文化有意分割开去，化外之人、边外之人的特色明显。一般人都对其敬而远之。但在城乡，艺人的表演却是士、农、工、商等群体生活中难以割舍的有机部分。

在某种意义上，街头艺人的生活境况与至今仍与乡村中的巫觋相近。人们平常对他们嗤之以鼻，认为他们不正常、下贱、神叨叨的，但需要的时候就再也不会想起自己平常对他们的蔑视，而是尽可能地说一篓子好话，媚相丛生。悖谬的是，在消费主义、快餐文化大行其道的当下，娱乐明星们早已没有了昔日的悲苦、辛酸，而是趾高气扬、得意忘形、飞扬跋扈、不可一世。

2002年5月，我再次回到了一直念念不忘的梨区，对农历四月初八到十二的铁佛寺庙会进行了调查，随行的还有同门师兄，韩国人老朴。在对铁佛寺庙会调查的大部分时间中，我都住在范庄东边四五里地左右的曹庄。之所以居住在曹庄，是因为这里有我1999年调查龙牌会时结识的忘年交"老辫"。同时，这里距离铁佛寺不远，只有八九里地，适合一天往返。也就是从我居住的曹庄开始，我才逐渐更加深入地了解梨区和梨区人的生活，即诸如龙牌会这样的乡野庙会生发的地方和传承这些庙会的人。

# 梨的生产技艺

咸丰年间，曾经流淌在梨区的滹沱河改道后，剩下的是大片无法栽种粮

---

① 参阅岳永逸，《脱离与融入：近代都市社会街头艺人身份的建构——以北京天桥街头艺人为例》，《民俗曲艺》第142期（2003.12），第207—272页；《空间、自我与社会：天桥街头艺人的生成与系谱》，北京：中央编译出版社，2007；《老北京杂吧地：天桥的记忆与诠释》，北京：生活·读书·新知三联书店，2011。

食的沙地。通过卜卜丁、柳子、杆子和荆条等的栽植后，梨区人慢慢地培育出成片梨树。梨区有句俗语，"桃三杏四梨五年，枣树当年就赚钱"。选择耗时最长的梨树，当地人显然有自己的考量。在梨区流传的传说中，当地人将自己最终选择了梨这一漫长而艰辛的过程归之于神灵的启示，诗意而浪漫，完全没有了现实生活的残酷。

在梨区南庄，这个传说大致是这样的：有一天，大风过后，李三柱等几位老人到村西口，眼看一望无垠、沙丘累累的沙地，不禁叹息道："沙大风多，寸草不生，这日子可怎么过哟！"话音刚落，一位鹤发童颜的老者突然出现在面前，说："这真是一块宝地呀！"李三柱等老人感觉到老者话带嘲讽，反问道："宝地！宝地！寸草不长，连兔子都卧不住了！你饱汉子不知饿汉子饥，还说风凉话呢！"老者心平气和地唱道："此地大风沙，不能种庄稼，砍掉柳杆子，种梨能发家。"老者说罢，就不见了身影。回到村中后，这几位老人把自己的奇遇告诉了村民。人们相信这是神仙指路，就开始种植梨树。①

1947年土改后，有了土地的农民栽种梨树的积极性第一次高涨，1958年，遍布梨区的石津灌区的一条干渠和四条分干渠及相应的支渠网络的贯通，从根本上改变了当地的生态系统及种植条件，梨树的栽植有了大规模发展。包产到户后，由于收入剧增，梨区人很快将原有的农耕地用来栽植梨树，农作物遂不得不屈尊在梨树的阴影之下。

梨树的全面栽种，在相当意义上改变了梨区人的生产技艺、生活知识和物质生活条件，并从根本上影响着包括庙会在内的当地生活。

梨树的育苗、移栽、嫁接、护苗、土壤深翻、浇水、施肥、除虫、除草、整枝、疏花、疏果、套袋、收梨、冷冻储藏、运销以及相关食品的制作等系统知识，都是梨区人必须熟悉的。疏花指在梨花盛开期，根据梨树生长强弱、大小，

---

①中国人民政治协商会议赵县委员会编，《赵县文史资料·第一集》（内部资料），第134—135页，1987。

按梨花的距离大致定位，疏掉约占梨花总数 2/3 的花。疏果是在疏花的基础上，把稠密的果实或果形不正的幼梨摘掉，整体上提高梨的产量和质量。疏果常在花落后半月，即阳历的四五月进行。套袋是在包产到户后，为了提高梨的产量，梨农们用的一种新办法。在疏梨后，用黑色或浅黄色等深色的袋子套在幼梨上，使幼梨避免日光的直接照射。与不套袋的梨相比，套袋的梨个儿大、水分足、体重，但味儿淡。通常，一个熟手一天只能套一千多个梨袋。

一般而言，为了使梨健康生长，到梨成熟时，需要给梨树喷洒 8 到 12 次或者更多次农药。这就需要人们了解并熟悉农药的药性和不同农药的喷洒时间。同时，梨区人也得明白何时翻地松土、翻多深，何时浇水、浇多少，何时施肥、施多少，学会判断一个梨是否能长成形美味甜的好梨，从而有效的疏花疏果。无论是理论知识还是具体辛劳的技术操作，要把知识经验熟练地运用于实际生产中，并收到成效则是一个漫长的习得过程。不是出生、成长在梨区的人，或初到梨区的外来人，很难在短时间掌握这些知识与技术。

调查中，当我在梨树地中事无巨细地询问时，小孩子们常常嘲笑说："他连这个都不知道？！"当我在梨树地中笨拙地舞弄梨袋时，也会在老乡们"你不会这个"等友善的声音中，从梯子上给拉下来。

由于石津灌渠的畅通和机井的遍布已经从根本上解决了梨树的灌溉问题，影响梨生长的暴风雨、冰雹等灾难性天气尤其为人们关注。难以预料和抗拒的自然灾害也使部分梨农增强了对神灵的祈祷。

梨的生长周期并没有改变传统的农业生产周期。一般而言，从阳历四月到十月是梨区人比较繁忙的时期，人们基本都围绕梨树转。从十月到次年四月是相对休闲的时期，人们可以在梨树地之外的地方较自由地活动。这也与梨区各村原有的庙会日期大致相符。

# 梨区景观

　　梨树也改变了梨区的自然景观与人文景观。

　　阳春三月，梨花盛开，洁白一片，千里飘香。为发展地方经济，赵县县政府举办过数届梨花节，希望城市人到此观光。

　　炎炎夏日，郁郁葱葱，通常在南国才有的大雾不时地弥漫梨区人家。夏天在梨区调查时，我也就经常在晨雾中行走。正午，除千万只蝉的欢唱，地里少有人影。2003年7月，我和学文兄不时在梨树林中行走，等出来时，衣服上的汗液夹杂着的空降"蝉尿"常使我俩相视而笑。在部分梨树下间种的小麦等农作物失去了农产区的尊贵，有些艰难地生长着。黄昏时分，很早露汽就下来了，一洗正午的炎热。除打农药常在正午进行外，其他的活，人们都尽可能地赶早或赶晚。当大人们在梨树地中劳作时，属于半劳力的老人和放了暑假的小孩则在梨树地中寻找蝉蜕，或卖钱或食用。晚上，几乎没事的男女老少都加入到捉蝉的行列。

　　秋天，千梨万梨压枝低的盛景洋溢梨区各个角落。不管梨可能面临什么样的卖价，乡亲们都是怀着喜悦和期盼的心情，繁忙地收获。梨农们的"嗅觉像和大地一同苏醒了过来"，"抑制不住自己的欢乐"。[①]冬天，仅剩枝干的梨树重给大地以简洁，在迎接白雪光临的同时，也与梨农一样蕴蓄着来年生长的力量。

　　这些美景中也经常间杂着不和谐的音符，如打农药之后渗透天际的阵阵恶臭，狂风暴雨后遍地的幼梨，冰雹声中梨农无言的沉默，梨的滞销和入不敷出的伤痛，等等。2003年7月的一天，当我与学文兄骑自行车从藁城县马邱村返回曹庄时，突然刮起的黑风遮盖天际。顿时，暴雨倾盆而至。我们被阻滞在了南庄一个山西人开的小饭店里。当我们重新在梨树地边的道路骑行

---

[①] 丁玲，《太阳照在桑干河上》，第145页，北京：人民文学出版社，2009。

2003年，一位向龙牌爷求子成功的祖母在替孙子向龙牌爷最后一次还愿。这是在孩子12岁时举行的，当地人又叫『扫堂』『扫坛』。扫坛之后，孩子与神灵之间没有了责任与义务，孩子能独自健康成长了。

举头三尺有神明

时，已经是遍地幼梨。

在梨区，罐头厂、纸箱厂、梨袋厂等乡镇企业和经销梨的公司比比皆是，这为梨区人提供了一些可以就近打工和创收的地方。升学的困难，还过得去的生活，可能有的多样化的生活方式，梨的生产劳动密集型性质，"父母在，不远行"之类的传统观念等多方面原因，使当地刚刚中学毕业的年轻人很少外出打工，绝大部分都留在村里。这也出现了与我四川老家迥然有别的情形。与此同时，梨的生产与销售也早早给梨区人提供了比以往任何一个时期更多的走四方的机会。相对而言，"女主内"的传统观念仍使梨区女性少有经常或长期外出的机会，尤其是对于五十岁以上的老年女性。这仿佛使得四处过会非她们莫属。

村中三世同堂、四世同堂非常普遍。如果本人愿意的话，五十岁以上的人就可以扮演半劳力的角色，较少下地干活，并不用担心他人耻笑。人口聚居使梨区村落通常都有数千人，约占三分之一的老龄群体比要养老育小的30—50岁的人有着更多的闲暇。因此，这些多数在1949年之前出生的老人，也就有余闲把自己从小耳濡目染的庙会等传统再拾掇起来。

事实上，在梨区参加庙会的主要就是这些老年人。梨的生产和运销对劳动力的需求，"养儿防老"，"不孝有三，无后为大"等传统"香火"观念都影响到庙会的仪式实践。在梨区众多庙会中，意在求子、"拴娃娃"保佑孩子健康成长等的许愿还愿活动十分普遍，以至于范庄的龙牌能保佑生儿子，铁佛寺庙会专门有一个为人拴娃娃的茶棚——兴善会。

作为科技文明与现代化表征，电视、电扇、电话、洗衣机乃至燃气灶等不同程度地走进了梨区人家，尤其是新婚夫妇的新房。宽大的席梦思床，已经使旧式的炕退缩到了少数老龄群体的住房中。包产到户后，婚礼的花销也长时间维持在数万元的水准。男方除准备房屋，还得给一定数目的彩礼。或者是因为嫁得并不太远的缘故，梨区人的陪嫁非常可观，常包括自行车、摩托车、拖拉机和微型机动车等生产、交通运输工具，彩电、冰箱、电扇、洗衣机和收录机等家用电器，茶几、沙发、椅子等高低组合家具，铺绒罩被等床上用品和脸盆、毛巾、衣服等日常生活用品。

这些并不意味着当地人生活奢侈与铺张。实际上,当地人的生活十分节俭。或者与北方人简单的饮食习惯有关,除红白喜事、寿诞以及春节或家中有客人等特殊日子外,一般的人家平常很少吃肉,也很少像南方人那样大盘地炒菜吃,通常都是小米粥、咸菜和干粮。我所知道的数位前往赵县调查十天以上,并在农家吃住的人,一般都会自然减肥。

2002 年 5 月,与我同行的韩国人老朴吃不习惯北中国常见的小米粥。开始两天,趁主人不注意的时候,老朴迅速地把他碗中的粥倒给我一部分。过了两天,由于体能消耗确实太大,老朴也不再向我的碗里倒小米粥了。半年后,同样在北京留学的老朴的妻子告诉我,那次老朴跟我走了一个星期,回到北京后,一称,轻了十斤。我半开玩笑道:"那是他不吃小米粥。"话声刚落,大家都哈哈大笑。2003 年盛夏,与我同行的学文兄由于在庙会现场喝汤时吃到了苍蝇,几乎饿了整整一天肚子。


# 好梨与坏梨


犹如非洲努尔人(Nuer)的牛[1],无论是在梨销路好的日子,还是不景气的今天,梨都是梨区人生产生活的核心。同时,梨也影响到梨区人对世界的认知模式,并在一定程度上影响了见多识广、有着多种人生感悟的老人,从而进一步影响到遍布梨区的庙会。

在当地的养殖业中,猪、羊是主要的家畜。除了梨树叶作为养羊的主要

---

[1] [英]埃文思·普里查德(Evans Pritchard),《努尔人:对尼罗河畔一个人群的生活方式和政治制度的描述》(*The Nuer: A Modes of Livelihood and Political Institutions of A Nilotic People*),褚建芳、阎书昌、赵旭东译,第 20—63 页,北京:华夏出版社,2002。

供桌上的梨

当然，有的神马前摆的仅仅就是精制的面供。（张虎生摄于2004年）

饲料，废弃的幼梨、腐烂的以及卖不掉的成品梨都成了猪、羊的食物。这些梨由于不能变卖成钱，已经丧失其商品意义，不具有交换价值，是仅具部分使用价值，指向猪、羊圈的废品——坏梨。坏梨小、歪、粗、涩、生，是内向、收敛和萎缩的。对交换价值、使用价值兼具的"好梨"而言，梨是梨区人与人之间、梨区人与非梨区人之间、人与神之间交往的中介，大、正、光、甜、熟，是外向、张扬和显赫的。非要套用马克思·韦伯（Max Weber）的术语的话，坏梨仅具工具理性，甚或工具理性都荡然无存；好梨不但有着工具理性，还有着价值理性。

好梨，是梨区人招待客人的佳品（外地到梨区的客人，人们都以梨招待，走时还不忘给"打包"），是馈赠亲朋好友的礼品，也是放在神案上取悦于神的供品。作为供品的梨，在相当意义上代表着梨农对神灵的认同、感恩，以及

现在梨区常见的家居院门

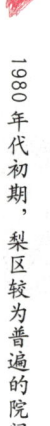

1980年代初期，梨区较为普遍的院门

对现世的批判与不满。同样是梨，人们相信作为供品的梨带着福气，吃了曾经供给神的梨，会得到神的祝福与保佑。因此，每每在庙会结束时，好心的人们都会把供桌前的梨给我一个，并要求我吃。她们常有的一句话是："吃吧，人活着都不容易，吃了后，会有福气的。"其中的沧桑、简洁、宽容与理解、爱怜常常让我感动。

这些对梨的不同使用蕴含着主人对梨不同的价值判断，并隐含了梨区人对社会的评判。梨区的梨不仅仅是梨，它也是具有人性和神性的梨，是人们对社会言说和分类的一种方式，是梨区人思维的符号和工具。在对梨的使用过程中，梨完成了由一种物品向一种象征符号的转变，也成为一种隐喻，由对物质世界的价值判断和秩序安排，转为对人类社会的价值评判

过些日子再修的院门

和秩序安排。①

# 神、人共处的家

近百年来，经济条件的改善使梨区人修建家居的材料和家居外观发生了很大变化。土坯房屋已经是凤毛麟角，大多数都是钢筋混凝土结构，铝合金门窗亦屡见不鲜。可是，家居的基本布局则相对稳定，多为一层的四合院。常见的格局是：北屋为上房，东、西房为配房。东、西房一时未建者，也修

---

① 赵旭东，《权力与公正：乡土社会的纠纷解决与权威多元》，第48页，天津：天津古籍出版社，2003。

葺有各种简易院墙。门楼以内，有影壁，南、北屋和东、西屋之间是便于采光的天井。与梨的生产配套，既能做运输工具，也能做动力工具的拖拉机，成了家家必备的生产工具。能装一吨的药罐等纷纷进入农家。以前只有豪门大户才有的高大华丽的门楼，如今是梨区民居的普通景观。门楼的修建也成为除主房之外很重要的一部分。

在院门的上方都有表明该家户心愿、特征或是该家户希望具有的特征的匾额，如"庭绕瑞气""和气生财""家庭和睦""幸福之家""家和万事兴""鹏程万里""吉祥如意""洪福照千秋""满院生辉""吉星高照""庭绕紫气"，等等。与匾额的形制相较，匾额上的这些字句并无太多变化。院门以里，与院门正对的是比院门稍小些的影壁，好的影壁用瓷砖装裱，上面绘有"迎客松"或者其他深有寓意的山水画。

在院内，一般从天井要上六、七级台阶才能到达上房。上房通常三间，居中者是主房，主房宽大，面积常是两间偏房的总和。两间偏房或为卧室，或为储藏室。主房通常是家中长辈居住的地方。当有尊贵的客人时，这里就是客房。与城里人待客之道大相径庭，乡村人的朴实和真诚表现在他们总是要将自己最好的东西提供给客人。除1999年在范庄是住在简陋的旅馆之外，无论何时到梨区，我都很荣幸地被主人推进主房休息，这常常让我忐忑不安，因为我几乎无以回报这些真情。有时，人们也会把宴席摆设在主房招待客人。因为主房的多重功能，梨区人常常花费比较多的财力来装饰主房。现在的天井都较宽阔，有名副其实的井，多数井都是储藏村庄集体水塔中放来的水。

人们在注重实用的同时，也兼顾感官上的舒适。玻璃、水泥、瓷砖等共同营造出的干净、亮堂，庭院中的枣树和井旁的绿叶鲜花给人的阵阵新意，照壁（即影壁）颇有讲究的山水画和大门门匾上含义深远的书法等等，从不同的角度使家居成为一个时代的"可取生活方式的诠释"。①

---

① [美]卡斯腾·哈里斯（Karsten Harries），《建筑的伦理功能》（*The Ethical Function of Architecture*），申嘉、陈朝晖译，第11页，北京：华夏出版社，2001。

举头三尺有神明

梨区常见的行好的家居及神灵分布示意图

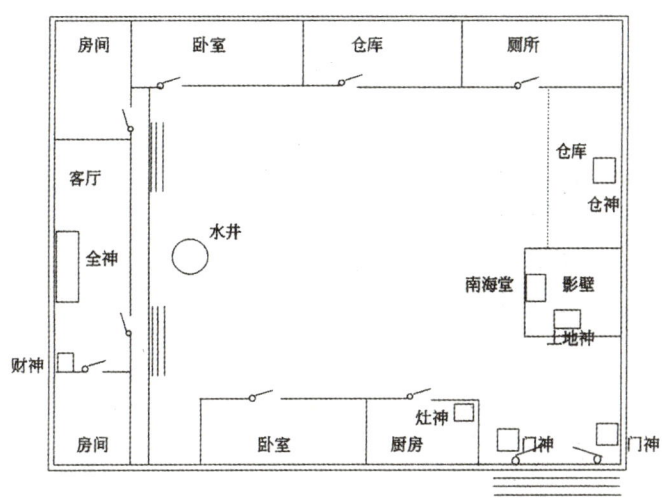

与我老家农村很少有人供奉神灵相异，在梨区，不论建筑材料和外观怎样变化，梨区行好的家中仍然供奉着祖先传下来的，或者说他们认为对其生活有用的、冥冥之中存在的神灵。老辫家居结构和供奉的神灵在今天的梨区颇具代表性。

虽院门朝西，但与梨区其他家居一样，老辫家的上房同样坐北朝南。除图中标注的神灵外，院门外还有路神，水井处有龙王。与当下梨区家居的门神多少还有些标志不同，主管出行平安的院门外的路神没有任何标志。祭拜路神是华北人的传统。1934年编纂的《井陉县志料》中《风土·迷信·路供》篇云："愚夫愚妇，迷信观念最深。街衢之口，以为有路神司之，故恒于每月（废历）十四日及三十日（小建则二十九日）焚香设供以祭之。"[1]除春节祭祀路神外，行好的多数人家在阴历每月初一、十五要例行祭拜路神。铁佛寺庙会

---

① 王用舟，傅汝凤编纂，《井陉县志料·第三册》，第28页，天津义利印刷局，1934。

静坐的『土地』

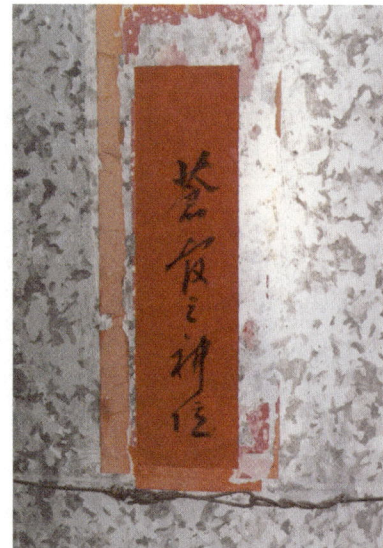

仓官神马

香道的家的全神案

一般人家的全神案

举头三尺有神明

期间，在离铁佛寺约五百米的南端路口有大夫庄行好的搭建的"敬奉路神"茶棚。铁佛寺庙会期间，到该茶棚敬拜路神者络绎不绝。

门楼内的影壁是今天梨区家居必备的部件。它不仅遮挡风沙或行人的视线，还一直与土地神联系在一起，有着挡煞、避煞之象征功用，和国人讲究幽曲、含蓄的审美功能与情趣。[①]今天，无论影壁怎样装饰，面对院门，其正中距地面约一米五的地方通常都有凹进去的空间，供奉土地。在家居中，影壁和土地是一体两面，甚或可以说影壁因土地而存在。偶尔，在梨区也能看见正对路口的石敢当。

主房中供奉着该家庭所信奉的神灵——家神。在梨区人家中，全神是较为主要的家神，它是在一大张布帛上绘制了当地人们相信的天地三界十方的神灵。另外，也有单供观世音、关公，以及三皇姑、九莲圣母、无生老母等神灵的。在阴历每月初一、十五，春节等其他节日，所供奉神灵的诞辰日等时日，人们都会在晚饭后给神灵烧香磕头。家中如有虔诚的信仰者，则每天都会给神灵烧香。相当一部分村民都把自己烧香说成是一种习惯："一直都这样做，实际上并不怎么相信。"在不少的家庭中，经常是女主人信奉神灵，家中的其他成员则持包容态度。

曹庄的老刘，是一位从抗战起就在大江南北闯荡的老人。他做生意、搞管理，走过很多寺庙，从不烧香拜佛。但是，他一直在家居住、生活的老伴则十分敬拜三皇姑奶奶。2003年7月22日黄昏，在家闲居的老刘对我说："老伴经常晚上都起来烧香，磕头。这是她的信仰、习惯，她这样做心理舒坦，我完全能理解。"

这些家神神马一般都是民间艺人绘制在布帛上的画像，偶尔有木制牌位或瓷器制品，简单的也有用一张纸写的"×××之神位"。有趣的是，这些民间艺人、民间画匠，很多都是当年的夜校培养出来的。并不一定精美的画作，同样寄托了这些画匠对生活的理解。无论哪种神马，在供奉之前都有

---

① 刘沛林，《风水：中国人的环境观》，第197—198页，上海：上海三联书店，1995。

一个开光的过程。与家神处于显性位置迥异，目前在梨区家居的主房内看不到祖先牌位。梨区香道的神案形制与一般人家全神案相仿，只不过能帮着看病、看事，即"上身附体"的神灵，诸如包括胡、黄、白、柳、灰等仙家也在其中。

除家神之外，一个家庭中通常都还供奉天地、灶王、南海大士、关帝、财神、

长相厮守的灶王爷和灶王奶奶

仓官、厕神、龙王等。灶王的神位一般在厨房，仓官则在储藏室，马王在牲口棚。龙王的神位在井口旁边。除年关在井口烧香外，井口旁并无龙王的神马。有的人家厕所中还供有厕神。灶神是家家户户都供奉的神灵之一。由于现今多数人家的灶台从北屋移到了东西厢房或天井中，灶神神位有的也就发生了

相应的变化，从原来的主房移到灶台所在地。但是，虽然主房中没有了灶台，不少人家还是习惯性地将灶神神马张贴在原先灶台所在的主房，在现灶台处仅放置一个油碗。

在梨区，过去有门就有门神，一口锅就有一个灶神，一个家门口就有一个土地神。一般而言，在新房修建好之后，主人就要把家中的这些神位摆设好。家居中的这些神灵可以异地发生作用。曹庄的一位老人仅有一个儿子，儿子新修的房没有供奉任何神。对此，老人的解释是："与儿子没有分家，我们供就行了。我们这边供了，也就等于儿子那边供了。"同样，只要没有分家，就是异地居住，分灶吃饭，也只供一个灶神。当然，这些神灵通常都供奉在老人住的房子中。因此，分家不仅是财产的分割或分灶，"分神"也是传统分家一个重要的组成部分。在此种意义上，神灵是一个完全独立的家庭以及家居构成的基本条件。对于会思考和想象的人类而言，或者并不存在完全自然意义上的物理空间。

家居中不论神位有无，还是祭拜仪式怎样淡化，这些神位和相应的神灵在老人的心目中是清楚的，是永远存在的。虽然供奉的神灵名字可能一样，神马也可能来自同一民间画匠、小贩或店铺，但每家的神是不同的。神供在了这个家中，它就是这个家的神，有着这个家的属性。由于不同家中神灵的灵验程度不同，这些原本供在家中的神也就有了高低的分化，并有着升迁起伏的不同。多数家神永远就仅仅是其所在家庭的守护神，蜷缩在特定的家户中。正因为有了这些神灵的存在，与人共居共处，家居有了安全感，因安全感，人们也才进一步产生皈依感。

显而易见，对于梨区人而言，家居空间不仅仅是物化的存在、俗世的空间，还是一个有着象征意义的圣化空间。或者可以说，封闭的也是开放的家居空间是中国乡土宗教、乡野庙会最后的"保留地""自留地"和情感动力源。因为其本身之于空间建构的神圣性，神人共居、共处、共食的"观念事实"或者说"感官真实"，家居也就具备了向以公共性以及开放性为底色的庙转换的可能。而家居的不可摧毁性也就为庙的延续提供了事实上的物质基础、精神基础和情感动力。

更何况，如同本书余下数章展示的那样，在芸芸众生的生活世界里，无论过去还是现在，乡野小庙本身也是随时可以拆、可以建，可以变形、可以变体，正如现在都市小孩乐颠颠、爱不释手的乐高（LEGO）拼插。如是，在"生活之流中的民众信仰"认知基础上[1]，我新近明确提出乡土宗教的两个辩证法：其一，神人一体的辩证法；其二，家庙让渡的辩证法。[2]

因为家居空间的私密性，对神灵信仰的传承和神案的私下相传，使得在"文化大革命"这样的年代，诸如龙牌会这样原本在村内公共空间举行的祭拜仪式才顺理成章地在家庭层面得以传承。平日里，2003年新修的龙祖庙也多少有轮值会头的"家"的意涵。

# 日常生活

不但梨区人的家居模式和供奉的神灵大致相似，梨区大小的村落也呈现出相同的外观。由于地处平原，人口密度大，土地紧张，梨区的基层政府较早就对房屋建设进行了规划。因此，现在所见到的梨区村庄颇似南方的城镇，都是东西南北的街道，成"井"字形布局，常有一条东西主街道和南北主街道。在村落四周靠边缘的地方有用来汇聚雨水的大坑。当然，大坑也有"聚气－聚财"之说。梨区村庄一般东西长，南北短。平坦的居

---

① 岳永逸，《灵验·磕头·传说：民众信仰的阴面与阳面》，第169—240页，北京：生活·读书·新知三联书店，2010。

② Yongyi Yue, "Holding Temple Festivals at Home of Doing-gooders: Temple festivals and Rural Religion in Contemporary China", *Cambridge Journal of China Studies*, vol.9, no.1（2014），p.36—83；岳永逸，《行好：乡土的逻辑与庙会》，杭州：浙江大学出版社，2014；《神人一体和家庙让渡：乡土宗教的辩证法》，未刊稿。

住环境使人们对东西南北的方位区分得很清楚。在日常口语中，"村东"与"村西"、"前街"与"后街"等词汇频频出现。东西向主街道在村落生活中更为重要。来往的车辆多从东西主街道穿过，商铺、村委等也多分布在东西主街道两侧。

梨区每个村庄的村委都有规范的办公地点，有宣传栏、广播等附属设施，还有供全村人用水的高耸的水塔。学校、供销等部门的分支机构在多数村庄都有一席之地，另外还有大小不等的商店。虽然这些基层服务机构的规模大小不一，但基本上都能满足村民的需求。

今天梨区的村庄基本上都有自己赶集的日子。村中也有面厂，专门加工、销售馒头、面条。村民既可以现金购买，也可以用小麦或面粉等实物按一定比例兑换。除此之外，村中也有销售农药、化肥等常用的生产资料的店铺。在赶集的日子，有菜贩专门从外地贩来蔬菜或批发或零售。有什么蔬菜，村委的大喇叭会随时公之于众。屠夫也会在赶集的日子杀猪卖肉。需要进行大宗交易和商品买卖时，梨区人多前往范庄。除卖梨、红白喜事等需要大规模销售或者购买外，村中的店铺和小规模集市基本上满足了村民们一般的商业性需求。

在较为闲暇的夏日清晨、黄昏，三五或数十个老者（一般都是男性）聚在村子东西、南北主街道的十字路口聊天，观看来往的过客、行人，是梨区常见的景观。有什么趣事、陌生人的进入等，通过这些老人的嘴会很快地在村落中传播开去。这些似乎很有些"桃花源"的味道。人们也并不特意从生理性征上去区分小孩和老人，并苛求他们。在炎热的夏天，幼童常一丝不挂地在太阳下随意奔跑，这样的快乐时光可以持续到五六岁。

对于一个家庭中的老人和小孩等成员来说，人们不出村落就基本能解决其生活所需。从某种意义而言，今天的梨区生活呈现出的仍是一种"村落自给自足"的生活状态。

与华北众多村落一样，梨区人对自己村落、家族的记忆是断裂和模糊的。当今梨区村落一般都是杂姓村，每个村现在都有十多个或更多的姓氏。2002

年约4500人的曹庄，就有刘、黄、尹、梁、韩、白、李、苏、赵、高、聂、廖、王、郭、狐、尚等32个姓氏。虽对祖上没有太多的记忆，也没有碑刻可寻，但这里的人们生活依然古朴。在曹庄，不时还能看见手摇的织布机。闲时或者雨天，村中的成年女性，乃至一些刚刚初中毕业的年轻姑娘都心安理得地织布。

# 村庙与教堂

　　1949 年之后，散布梨区的天主堂也曾经历了与村庙相似的命运。改革开放后，因为是名正言顺的合法宗教，梨区的天主堂得到了不同程度的修复，有的还富丽堂皇。"奉教的"（梨区人对天主教徒的称呼）在礼拜日或骑自行车，或骑摩托车，或乘拖拉机，各自带着坐垫到教堂做弥撒，成了梨区又一道人文景观。虽然信仰不同，也讨厌奉教的经常"上课"，但不少行好的

临时的天主堂

有时也羡慕奉教的有组织和有规律的宗教生活，尤其羡慕政府允许他们修建自己的活动场所——教堂。因为生活在同一片天空下，早不见的晚见，奉教的和行好的之间就有了默观、对视、评说，有了或明或暗的较劲、争斗与妥协。

由于政策上的宏观规束，除 2003 年新建好的龙祖庙外，梨区很难发现像样的庙宇。就是间或发现一两个小庙，也都低矮阴暗。经过了洋务运动以来的多次维新、革命，村庙、祠堂都遭到很大程度的破坏。从对耆老的访谈可知，六七十年前，梨区村落中大的宗族一般都有祠堂，村庙也自动地分布在村落四周。

然而，庙在华北村落有着更为重要的意义。平野义太郎曾指出，华北乡村的庙"是村落得以成立的根本的向心力，比起村公会和青苗会更早，以庙

县城大寺在曹庄修建的观音院

冬日低矮的村庙

　　　　举头三尺有神明

曹庄天主堂

为中心的烧香庙会成为指导村落生活行政的自治机关的原形。"①有时，村庄

———————

① 转引自麻国庆：《家与中国社会结构》，第204页，北京：文物出版社，1999。

也是村落地界的象征。在范庄，老辈人就用"东至三官（庙）西至龙泉（寺）"来说范庄的大小。

根据老辫等人回忆，1949年之前，曹庄仅有两千来人，但就在这样的一个小村，就有7座庙宇：村东的三官庙、五道庙，村西的老母庙、真武庙、五道庙，村南的关爷庙，村北的观音庙。过去，村东的人死了就到村东的五道庙"报庙"[①]，村西的人死了就去村西的五道庙报庙。五道庙作为一个报庙的所在，也对村庄进行了不同的分割。如今，曹庄仅有1994年在村西重修的老母庙。在曹庄村南，县城里属于佛教的大寺新近修建的观音院成为"正统"佛教的象征，在观音院聆听说法的村民都自称"居士"，并有意将自己与行好的区分开来。

现在，梨区行好的，包括部分香道的为了使自己有正统、合法的身份，都纷纷到县城中和尚众多的大寺皈依。在象征性地收取些费用后，大寺就给人们发放皈依证。因此，赵县宗教局统计的佛教徒在剧增，而道教徒很少。有一个很有意思的故事，赵县县城北边的双庙村有伏羲女娲庙。这个村的村民也想到大寺皈依，但没想到被大寺的和尚们拒绝了，这些人转而改投在了县道教协会门下，成为"道教徒"。因此，无论是在行好的家中，还是在庙会现场，老人们都会向我强调，她们是什么时候到大寺皈依了的，自己是行好的，有证，不是迷信。

天主教在曹庄传播的历史也有百余年了。但是，村中教徒并不多，基本是家传，仅200人左右。2001年，由奉教的自己"捧钱"（捐钱），才使曹庄的天主堂得以重新修建。相对于观音院而言，教堂肃穆庄严，气势逼人。

---

①人死后，亲属到土地庙报告死亡消息。

# 4

# 茶棚会：流变的庙

## 妙峰山的茶棚与会档

在 20 世纪 20 年代中、晚期庙产兴学运动最盛的时候，因为金勋、奉宽、顾颉刚等人的记述与诠释，妙峰山庙会的茶棚声名远播。[①]经过八九十年的社会衍化，朝山进香、行香走会、耗财买脸、一心奉献、为神"当差"、行好娱神、助善娱人、积德行善的旧式茶棚早已一去不返。但是，民众日常生活世界中经验事实、感官世界的更替却并未影响茶棚在学界的地位和敏感性，以至于当下不少人试图从中发现八竿子打不着的德人哈贝马斯"公共领域""市民社会"的因子，进行挑战极限、超越梦想的跨文化比较。

21 世纪以来，随着学界对传统文化的重新认知，作为历史陈迹的妙峰山茶棚也成为媒介、商界兴致盎然的"文化资本"，具有了生产能力。今天的妙峰山管委会、花会联谊会等的权威人士，代表灵验的老娘娘，主动从金顶

---

① 金勋，《妙峰山志》，中国科学院图书馆藏，年代不详；顾颉刚编著，《妙峰山》，广州：国立中山大学语言历史学研究所，1928；奉宽，《妙峰山琐记》，广州：国立中山大学语言历史学研究所，1929。

上平台香道遗址（邢鹏摄
于 2008 年）

寨尔峪茶棚遗址（邢鹏摄
于 2008 年）

走下来，与各色花会礼尚往来，参加会首家的红白喜事，低姿态地邀请花会在庙会期间上山走走，也就成为不折不扣的社会事实。如此，经过百年演进，妙峰山庙会也就发生了从"上山"到"下山"的体位学转型，发生了从主动语态向被动语态繁杂的句法转换。

在清末民初妙峰山庙会香火最盛的年代，遍布在通向金顶的北、中、南

　　　　　举头三尺有神明

数条香道的数百座茶棚都是善人们一心"替老娘娘当差",为远近的香客提供各种便利服务。最初,妙峰山各香道的茶棚多用苇席搭建,形制简易,后来慢慢地修建了小庙形式的房屋建筑。无论茶棚的形制、外观如何,依旧以"茶棚"称之。作为老娘娘的"行宫",为老娘娘当差的茶棚的主要功能是为往来香客提供歇脚小憩的地方,施舍粥茶。有条件的还施舍馒头,提供住宿。

茶棚会的经费来源不一:有合街公议,即一条街的居民捐款维持一个茶棚;有合村公议,整个村的村民捐款维持;有本会公议,志趣相投的几个人拿钱共同办一个茶棚;也有的是由达官贵人、内宫太监等大财主掏钱单独办一个茶棚。如此,也才有了顾颉刚在1925年花大力气抄写的会报子。会报子的目的,一是希望观者捐款助善,让茶棚会会众熟知朝山日程,早做准备;二是将该会日程告知会外的香客,欢迎大家路过前来歇脚。一如烽火狼烟,这在信息不畅的年代,无疑是传递信息,表达虔诚当差的好方法。

关于茶棚施舍粥茶的情景及相关活动,在《京都风俗志》中,清人让廉有这样的描述:

四月初一至十五日,京西妙峰山娘娘庙,男女答赛拈香者,一路不断。由德胜门外迤西松林闸东,搭盖茶棚,以达山上,曲折百余里,沿途茶棚,凡十数处。其棚内供奉神像,悬挂旗幡,花红绫彩,外列牌棍旌钺。昼则施茶,夜则施粥,以备往来香客之饮。灯烛香火,日夜不休。助善人等,于焚香献供时,或八人,或六人四人,皆手提长绳大锣,约重数十斤,以小棒击之,其音如钟,声闻远近,在神前起站跪拜,便捷自若,其式同仪,其音同节,亦彼之小技也。至于施粥茶之际,数人同声高唱"虔诚太们,落座喝茶喝粥"等辞,与钟磬之声,远闻数里,以令香客知所憩息。而香客多有裹粮登山,不但粥茶憩息得所,及遇风雨,亦资休避。[1]

---

① 转引自李家瑞编,《北平风俗类征》,第59页,上海:商务印书馆,1937。

2009年朝阳区太平同乐秧歌圣会朝山中的头陀装扮（朝阳区小红门乡文化中心提供）

举头三尺有神明

对茶棚的空间布局，吴效群博士进行了逼真地"重构"：

内设香案供品，安坛设驾，奉碧霞元君像。周悬红边白布地儿的旗帜，每旗绘一神像，共二十八面，是为二十八宿。又有四值功曹像四旗。棚口设灵官长方大旗一面，辕门方旗二面，棚门外斜插七星皂纛旗一面，茶棚外两旁设摆上本棚的笾幌二副。棚外另设带座豆青琉璃钵形缸两座，内里注满热茶。棚内设八仙桌与凳子，带青黄围桌布，桌上摆着茶盅盘香。棚外正中搭起一高木架子，三丈余，挂着铁丝制灯笼。上端八方形，每角三个一串，正中大灯一串九个，名九联灯。香客入，行三叩首礼，然后饮茶。棚内唱着茶歌，钟声齐鸣，山谷应声袅袅宜人。①

不容置疑，这些有着老娘娘"行宫"之名的茶棚，就是一座座因应妙峰山庙会而年度性重整的或大或小的"庙宇"。更有意味的是，不仅仅是这些相对固定的茶棚，庙会期间为老娘娘献艺而表演各种技艺的武会（即现今的花会），在按一定的顺序排列组合后，就是层次分明的庙会全景。

在民国之前，前往妙峰山走会的武会，有十三档，即俗称的"幡鼓齐动十三档"。当年，有俗语云：

开路（会）打先锋，五虎（棍会）紧跟行。门前摆设侠客木（高跷会），中幡（会）抖威风。狮子（会）蹲门分左右，双石（会）门下行。掷子石锁（会）把门挡，杠子（会）把门横。花坛（会）盛美酒，吵子（会）响连声。扛箱（会）来进贡，天平（会）称一称。神胆（大鼓会）来蹲底，幡鼓齐动响太平。

入民国之后，十三档之外又增加了自行车会、小车会、旱船会三档。于是，又有了如下歌诀：

---

① 吴效群，《妙峰山：北京民间社会的历史变迁》，第63页，北京：人民出版社，2006。

妙峰山进香图局部（首都博物馆藏）

举头三尺有神明

金顶御驾在居中，黑虎玄坛背后拥。清音童子谨守驾，四值功曹引大铜。杠子是门掷子是锁，一对圣兽（指狮子会）把门封。花拨吵子带挎鼓，开路打路是先锋。双石杠箱钱粮柜，圣水常在花坛中。秧歌天平齐歌唱，五色神幡在前行。前有前行来引路，后有七星纛旗飘空中。真武带领龟蛇将，执掌大纛在后行。门外旱船把驾等，踏车（指自行车会）云车（指小车会）紧跟行。①

就这些"抢洋斗胜，耗财买脸"行香走会的武会，早在他们乐此不疲朝山的当初，被后人誉为"北京通"的金受申就细读出了其中丰富的象征意蕴。即：犹如拼插，这些会档是可以随时组合起来，也可以随时化整为零的庙会敬拜嬉戏娱乐图：

"狮子"（有太狮、少狮、九狮、钢铃五狮几种不同）像庙门前石狮，所以有守驾的责任，行香时狮子守驾，各会由狮前经过（有参驾、拿参、打参诸仪式），狮子殿后起行。"中幡"（正名大执事）像庙前旗杆，所以先行（以下略按次第），"自行车"会像五路催讨钱粮使者（所以驾会时为五辆车），"开路"像神驾前开路使者，所以练杖（会中称杖为执事），"打路""五虎棍""少林棍"皆为引路使者。"天平"（什不闲）像称神钱者。"挎鼓"（正名大鼓）像神乐。"杠箱"像贮神钱粮者，所以更有杠箱官。以外"秧歌"（俗称高跷会）、"小车"像逛庙游人。"双石""杠子""花坛"（小执事）……既像神前执事，又像赶庙玩意档子，可以说武香会，是象征派的大表演啊！②

在1949年前的梨区，行好的同样前往苍山敬拜三皇姑奶奶，朝山进香，也在途中搭建茶棚行好。这样的朝山组织，梨区人今天仍简称为"朝山会"，

---

① 吴效群，《妙峰山：北京民间社会的历史变迁》，第103页，北京：人民出版社，2006。
② 金受申，《北京通》，第155页，北京：大众文艺出版社，1999。

有时也说"朝山茶棚会"。当然，因为远离首都，缺乏对朝山会相关的文字记述。虽然现今很难勾画出昔日梨区茶棚会的具体形制，但作为"流变的庙宇"大抵没错。

# 老辫家的外来人

2002 年 5 月 14 日下午两点多，从京城出发，我与老朴经过八个小时的行程后，终于顶着烈日踏入了老辫家门。当时，村中少有行人，老辫夫妇正坐在门楼里，摇着蒲扇歇息。我与老辫寒暄叙旧还不到半小时，来了几位胖瘦不一的老太太，打量我们后，问老辫道："你们家来人了，干吗的？"

老辫家没有电话，也没人出门。我始终都不明白，我和老朴到来的消息在这个华北小村是怎样传递的。在惊讶的同时，我也尴尬、窘迫。这是任何一个田野工作者都会遇到的情形：当你前往一个地方调查时，在你不知不觉中，有很多双眼睛在打量你，审视你。群众的眼睛似乎永远都是"雪亮"的。

在近在咫尺的龙牌会，由于那里的人们已经习惯了外来人的问询，或者也因为范庄作为赵县东部中心的包容性，对一个田野工作者就少了"干吗的"之类的质问。相反，面对疑窦丛生、滔滔不绝的主动表白，你不得不经常辨识信息的信度。与曹庄因陌生而产生的质问不同，那是"太熟"了的陷阱与蛊惑。

田野工作经常是拓荒性的，如何更快地与对方亲近，并与对方建立信任以及良好的合作关系，将决定田野调查能否顺利展开。当我明显有些怯意地说要去调查铁佛寺庙会时，老辫接过了话茬，对老太太们说："他是熟人，来过龙牌会，我认识他。"真实而善意的圆场，使几位老太太的语气缓和下来，立刻亲近了许多。

过后，我也与这些老太太建立了很好的合作关系，成了她们的"自己人"。

无论她们在铁佛寺庙会期间的茶棚中多忙，每到吃饭的时候，她们都会四处找我和老朴，叫我们回曹庄的茶棚吃饭。盛饭之前总是拣最干净的碗，在水本身很紧缺的情况下，还特意要把碗洗洗。当我表示谢意并说没有必要单独洗碗时，老人们说："你看你，虽然你也是农村长大的，但你现在在北京，与以往不一样了。到我们这里来，也就等于回家了，我们应该照顾好你。"

"家"是我随后在梨区调查听到的最多的一个词。每个老人一旦与你熟识之后，就会像亲人一样待你，并不停地说："别客气，这就跟你自己家一样，只是条件不好。"

那天夜里凌晨，我与汉语说得还不是很流利的老朴睡在老辫家的主屋。

老两口特意换了干净的被子。临睡前，我说："老朴，那些老太太消息怎么得来得那样快？今天，有老辫圆场，我们很幸运……"我尚未说完，乏困至极的老朴的鼾声已经起来了。

# 苍山皇姑

老辫不是官，也不是香道的，并对香道的持保留意见，但他在曹庄行好的人群中有着很高的威望。老辫生于1934年，其曾叔祖父、祖父都是当年曹庄朝山茶棚会中的主要成员。

20世纪80年代，朝山会在梨区都还常见。它是各村庄组织的，每年阴历三月十五到苍岩山祭拜三皇姑奶奶的一种信仰组织。苍岩山在华北民间传承的宝卷——佛——中被称为"苍山"或"西山"，这里主祀信众遍布整个华北的三皇姑——苍山老母，又名"苍山圣母"。在官方的叙事中，苍山是国

2010年苍岩山庙会山顶盛况

举头三尺有神明

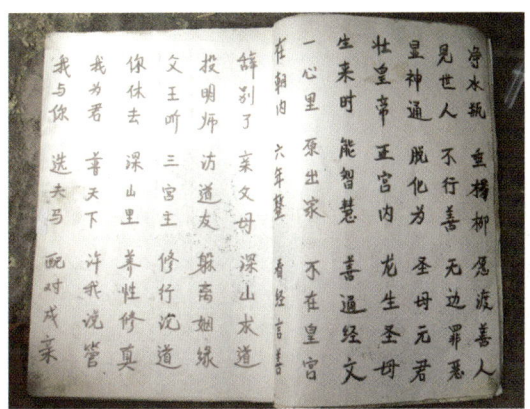

手抄的三皇姑的佛

家重点文物保护单位、四 A 级风景区。[1]在相当长的历史时期，包括梨区在内，以现今河北石家庄地区、邢台地区和山西阳泉地区为核心信仰区，河北、山西、山东、河南、北京、天津、内蒙古等广大区域内的人们都普遍信奉，并前往苍山敬拜这位三皇姑奶奶。

今天，信徒们普遍相信三皇姑奶奶是隋炀帝的三女儿。与在华夏大地流传的佛教中的妙善故事有些雷同[2]，传说出身皇室的三皇姑从小就有慧根，一心修佛，不愿婚嫁。暴虐的父亲非要她嫁人，并想尽种种办法刁难和阻止她。在动物及神灵的帮助下，三皇姑终于得以出家。气急败坏的皇帝认为三皇姑丢了自己的脸，于是火烧草庵（白草庵，一说白雀庵）。上天震怒，派老虎救了皇姑，惩罚皇帝，让其生疮，生不如死。而且，疮只能用自己女儿的手、

---

[1]关于苍岩山庙会的现状，可参阅岳永逸主编，《中国节日志·苍岩山庙会》，北京：光明日报出版社，2016。

[2] 关于妙善传说的研究，可参阅 Glen Dudbridge, *The Legend of Miao-shan*, London: Ithaca Press, 1978; Yü Chün-fang, *Kuan-yin: The Chinese Transformation of Avalokiteśvara*, New York: Columbia University Press, 2001.

新式念佛

眼做药引才能治愈。以往假装孝顺的大、二女儿纷纷拒绝献出手、眼。在得知生疮的父亲需要女儿的手、眼医治后，三皇姑立即献出了手、眼。病愈的父皇终有所悟，就封三皇姑"全手全眼"。传令官误传成了"千手千眼"，三皇姑也就被度化成仙，成为解救民间疾苦、大慈大悲，有千手千眼的菩萨。①

　　在梨区，三皇姑完全是一个本土化的全能的地方神。很少有信徒、香客将她与佛教中的观音混同起来。现今，梨区行好的之间仍广泛传诵着关于三皇姑的佛，以及手抄本的三皇姑宝卷，如：

<hr>

　　①这个故事散见于河北各地，有众多异文，也是为梨区人所熟悉的。可参阅：王用舟，傅汝凤编纂，《井陉县志料·第一册》，第27、56页，天津义利印刷局，1934；河北省石家庄地区文联编辑，《滹沱河的传说》（内部民间文学资料），第25—29、30—37页，1983；井陉县民间文学集成办公室编，《井陉民间文学集成》（内部资料），1986；河北省石家庄地区民间文学三套集成编委会、藁城县民间文学三套集成编委会编，《耿村民间故事集·第一集》（内部资料），第304—306页，1987；井陉矿区民间文学集成办公室编，《井陉矿区民间文学集成·第一卷》（内部资料），1989。

昔日里，三皇姑，修行半道；父把他，打在了，冷院寒宫。

三皇姑，又送到，白草庵中；叫皇姑，在庵中，推碾挽磨。

不打柴，就挑水，不得消停；武士说，白草庵，男女不清。

妙庄王，听此言，冲冲大怒；差武士，用火烧，白草庵中。

烧坏了，佛伯经，五百余卷；可惜那，五百僧，命归阴城。

南海母，差白猿，前来打救；领他到，苍岩山，养性修真。

妙庄王，到后来，身得重病；长一身，人面疮，浑身流脓。

三皇姑，为父病，亲舍手眼；他的父，见手眼，病疾痊轻。

为父王，舍手眼，千古少有；才封她，大悲佛，万古扬名。

男女们，学古人，修行办道；撇红尘，立志向，就能修成。

君有道，臣有道，民人有道；到那时，一准的，天下太平。

在众多信众心目中，与妈祖等乡土宗教中绝大多数女神是童贞女一样，三皇姑奶奶是践行儒家伦理的最高典范，是善、美、孝、忠、仁、慈、义、爱、

景、庙结合的三皇姑『跨虎登山』

圣母殿内的跪拜

山顶的三皇姑修行宫

三皇姑传说中的老虎已经成为苍岩山景区的『关键符号』。

举头三尺有神明

真、正的丰碑。作为一个地方神，三皇姑的事迹成为信众自觉进行伦理教化的范本。这与历史上儒生们所倡导、宣扬的"二十四孝图"有异曲同工之处。信众们也确实将这些流传的佛具象化，并不断夯实。采用图像叙事等具化策略，人们将承载"感官感觉""意识厚瞬间"（thick moment of consciousness）的"主观现在"（subjective present）变成实实在在的"社会事实"与"瞬间化效应"（instantaneous effect）。[①]在此过程中，唯心转型为唯物，也涵盖、统和着唯物主义，游刃有余地将"科学""理性"等霸权话语的威权消解于无形。

2003年7月，一个闷热无比的午后，在秀才营村一个香道的家中，我意外地看到了连环画状的三皇姑神案。这些圣像画共有五大幅，每幅长约3.5米，宽约1.5米，从头到尾完整地绘制了三皇姑得道成仙、修成正果的全过程，先后是：王灵官、冬施衣、夏施饭、神仙托梦、夜跳皇城、枯树发芽、碾坊研磨、虫王分米、金殿辞父、火烧白草庵、跨虎登山、仙人指路、白猿献果、小鬼撒灾、俩皇姑不舍手眼、刘长取手眼、百官贺王病愈、白猿、全手全眼菩萨、苍山皇封三皇姑。

2010年4月中旬，苍山庙会期间，我每天都游走在苍山上下的大小殿宇和景观之间，观人来人往。在山腰的圣母殿殿内南北两侧的墙壁上，我看到了已经被作为文物保护而不允许拍照的两幅壁画。画幅都是4.65×2.05米。北侧是明代壁画，分为礼仪、落难、削发、修道、显灵、敕封、佑民、行雨八个部分，与现今香客还在念诵的佛基本相同。南侧是光绪十九年的壁画，绘的是"奏讨敕封""灌溉湖淮"等皇姑遗泽后人、护佑苍生的事迹。

不仅如此，如今作为景区的苍山的庙宇修建、景点设置都是围绕上述传说和佛中故事进行的，同样是刻意地要将流变的传说坐实。这种官方不自觉也是主动参与的大手笔、立体性刻写、修葺，大致可以分为两类：一是在相传为三皇姑出家、修行地点的庙殿、景观再造，如水帘洞、梳妆楼、说法危台、

---

① [英]尼古拉斯·汉弗里（Nicholas Humphrey），《看见红色》（*Seeing Red: A Study in Consciousness*），梁永安译，第78—82页，杭州：浙江大学出版社，2012。

圣母殿、南阳公主庙和三皇姑修行宫;二是供奉传说中相助三皇姑的神灵或神兽的庙殿、景观再造,如候祖师庙、老虎洞、跨虎登山、王灵官和关帝庙等。

与别处庙殿不同,在山顶新建的让香客、游客免费入内的三皇姑修行宫是将三皇姑修行的经典情节以泥塑呈现。每个情节的塑像及文字说明都陈列在玻璃柜中,依次为:宫中生活、撒黍撑船、苦劝父王、三难公主、火烧百草庵、跨虎登山、智占苍山、造桥修殿、众尼降灾、修成正果、舍献黎民、普度众生。仅看标题,似乎与妙善传说雷同,其实大相径庭。如"宫中生活"首句是:"一千四百年前,隋炀帝杨广在位。"不仅如此,作为国家级风景名胜区的导游解说词的基本主旨也与三皇姑修行宫内要呈现的传说主旨相同,都是在强调三皇姑的孝行、灵验和与苍岩山殿宇、景观之间不可割舍的内在关联。[1]

# 朝山会

直到 1949 年前后,每逢苍岩山庙会期间,远近各村的人们就会成群结队地前往苍岩山过会。从现在梨区各村流传的关于三皇姑的佛,在大小庙会期间对着三皇姑神马唱诵这些佛,以及老人的回忆等可知,梨区各村差不多都曾有过朝山会。

朝山茶棚会又分行棚和坐棚。行棚是茶棚会在苍岩山庙会期间到苍岩山搭棚过会,或在前往苍岩山的路途中搭棚过会。茶棚会因天气或其他原因,不能去苍岩山搭棚,在庙会期间就在村子中的"合会"家中或村中空地搭棚,

---

① 就这些关联的进一步研究,可参阅岳永逸,《民族国家,承包制与香火经济:景区化圣山庙会的政治—经济学》,《中国乡村研究》2016 年第 13 辑,第 78—128 页;岳永逸、王雅宏,《掺乎、神圣与世俗:庙会中物的流转与辩证法》,《世界宗教文化》2015 年第 3 期,第 49—54 页;赵倩、岳永逸,《华北三皇姑的传说体系与层累生成》,《民俗研究》2014 年第 6 期,第 108—114 页。

曹庄朝山会坐棚门帘

还愿彩布

朝山会茶棚横幅

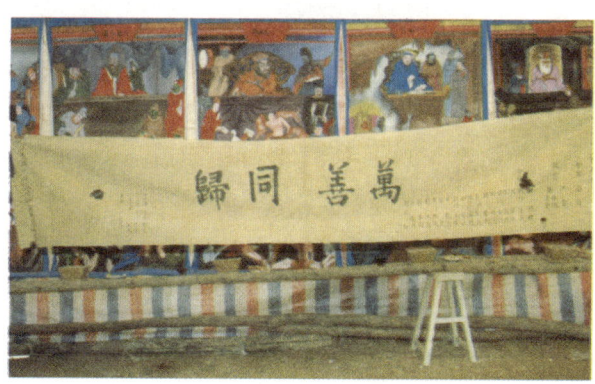

在棚内挂放三皇姑神马，让信众给三皇姑上香磕头，进行祭拜，许愿还愿，这就是坐棚。

老辫自幼就随祖父学唱念茶棚会中的各种佛，并且通过念佛而识字。后来，能读能写的他也注意收集、记录庙会、茶棚、神灵等相关的知识，尤其是抄录各村行好的传唱的佛。会念佛、又识字，使他在其同龄人中具有很高的威望。但是，老辫一直生活在曹庄，除前几年去过石家庄之外，基本没出过远门，也未担任过任何村组的官面职务。

心细的老辫保留了光绪九年（1883）制作的写有会首名单的曹庄朝山茶棚会的横幅、光绪二十九年（1903）朝山茶棚会坐棚的门帘和1915年曹庄刘门宋氏还愿的彩布一匹。横幅上的字竖排，从右至左依次是茶棚会会名、会首、敛首和合会名单，"万善同归"四个大字，同去的邻村四位女性的姓名和时间："龙飞光绪玖年三月十五日上山进香"。会首、敛首都是男性。敛首是茶棚会中专门收敛钱物的人，合会乃会中的成员。这些成员都是曹庄东头的。合会18人中，女性有16人。

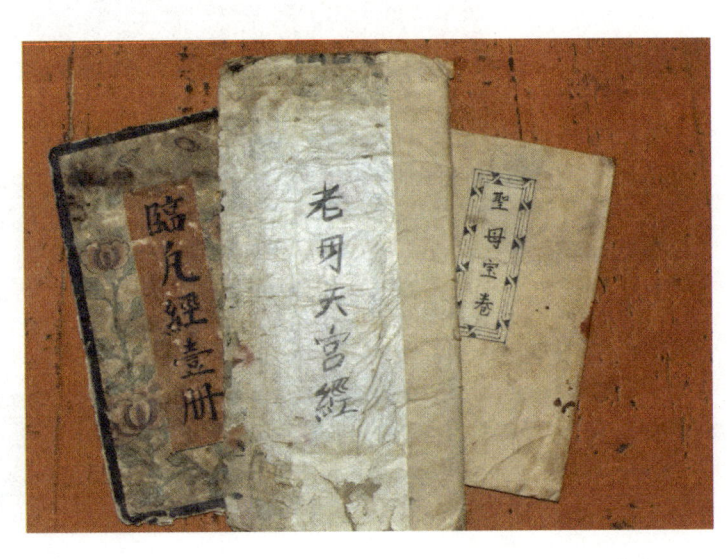

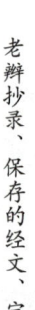
老辫抄录、保存的经文、宝卷

举头三尺有神明

这些近百年前的遗物，是我在 2002 年 5 月的一个深夜与老辩闲聊时聊出来的。一开始，老辩与他读初中的小孙女一样，不以为这是什么。见我看得那样认真，问得那样急切，他才将这些"宝物"一件件从箱底给我翻了出来。

现今朝山会会首轮祭的三皇姑神马

为此，我兴奋得几乎一夜未眠。显然，这对于了解当地信仰组织和苍岩山庙会、三皇姑信仰以及村社组织等，都是极为重要的实物。多有老辩这样的人，重实地考察的乡村研究或者会有很多新起色，从而呈现出另一番景象。

至于当年曹庄朝山会的详情究竟怎样，包括老辫在内，已经没有人能具体说清。但这一百多年来，曹庄朝山会一直都或隐或现地延续着。在1987年前，当不允许人们公开搭棚时，朝山会所供奉的三皇姑神马一直都在一个虔诚的信徒家中。1987年，在众多女信徒的要求下，老辫出面张罗，朝山会又重新公开运转起来。与远在西南的梓潼大庙一样，为了发展旅游，或者说规范化管理，苍岩山开始收门票。这使得朝山进香的成本剧增。近二十多年来，包括曹庄朝山会在内，梨区村庄的朝山会基本不再前往苍岩山过会。

与龙牌会相仿，曹庄朝山会三皇姑的神马在会首家按年轮值供奉。在三月初九到三月十五的苍岩山庙会期间，朝山会会众在当年轮值会首家中搭起茶棚，会后再将三皇姑的神马请到下一个会首家。恢复后的朝山会一度也曾发放会启，邀请梨区他村庙会组织前来过会。由于多方面的原因，不几年之后，朝山会重又回复到仅仅在轮值会首家中轮流供奉的状态。至于将来它是否能够，或者说有机会再在曹庄办起规模较大的庙会，则尚未可知。

# 艳妃圣母

在老辫收藏的"宝物"中，还有民国××年四月十二日立，写有"河北省赵县曹庄茶棚会"的横幅。这个横幅上也有"万善同归"四个大字，并列有当年茶棚会会首名字，全为男性，共计20人。这是曹庄人在铁佛寺过会时成立的茶棚会。老辫肯定地说，曹庄铁佛寺茶棚会到他这辈人至少有五辈人了，最早可能是因为还愿而兴起的茶棚。

这些会首的名字，不论姓什么，中间都是一个"洛"字。"洛"字是会首合的字号，类似于宗族或者过去艺人中的字辈。它是一个人在茶棚会中正式资格和身份的标志。一旦合了这个字，当事人就得承担茶棚会的责任和义务，出工、出力或出钱。与朝山会一样，铁佛寺茶棚会也都是曹庄东头的人。

　　1988 年农历四月十二，在铁佛寺庙会完成之后，老辫张罗恢复了铁佛寺茶棚会。会首有 27 人，基本都是老辈人传下来的。与朝山会一样，无论是在"四清"还是"文化大革命"时期，铁佛寺茶棚会的会首们也按年轮值，在各自家中供奉九莲圣母（也称"九莲菩萨"）的神马，然后在四月十二举行简单的交接仪式。

　　在铁佛寺，九莲圣母是人们供奉的主要神灵之一。尽管在梨区，信众们也同样将九莲圣母作为神灵供奉，但这个女神的口碑则迥异于三皇姑奶奶。

传闻这位女神是明代万历皇帝的生母，明穆宗的宠妃李艳妃。《明史·列传二·后妃二》中有记载，说她尚佛，并且曾经重用张居正，是一位重任贤臣、教子有方、深明大义、赏罚分明、笃信佛教、母仪天下的贤明皇太后。[①] 与正史记载的知人善任和崇佛贤德的李艳妃完全不同，民间传说中和我当事人讲述的李艳妃均是个淫荡的女人。在自己的皇帝老公死后，她在宫中胡作非为，并把自己年轻时在老家的相好扮成和尚，迎进宫中，终日淫乱。长大后的万历皇帝自觉脸上无光，但又碍于她是自己的生母，毫无办法。无奈的万历皇帝听从了一位太监的建议，做了一艘泥船，哄骗她到宁晋泊游玩。就在船行至宁晋泊时，泥船沉入泊中，李艳妃也就淹死在了那里。为了掩人耳目，并彰显自己的孝道，万历皇帝加封死后的李艳妃为"九莲圣母"。[②]

2002 年 5 月 21 日，农历四月初十午后，在九龙口铁佛寺睡神殿内九莲菩萨的神像前，一位香头就给我讲述了这个故事。或者是散体的民间故事随意性更大些，同样是在民间流传的韵体歌谣则与上述故事有不同的风貌，虽然也透露出李艳妃淹死宁晋泊可能是一场阴谋信息，但口吻更类似正史。20 世纪 80 年代晚期，在宁晋县收集整理的关于李艳妃的"历史"歌谣，更多地演绎了万历皇帝和生母李艳妃之间的母慈子孝。内容如下：

一、讨封夸皇

李艳妃娘娘坐海中，心想万历好伤心。小南海里坐化苦，为何不把国母封？腾云驾雾出南海，驾雾腾云到北京。万历就在龙床睡，国母就在半天空。"小南海里坐化苦，为何不把国母封？"嘱咐两句扬长走，众位神灵送出宫。

---

① ［清］张廷玉等撰，《明史》，第 3534—3536 页，北京：中华书局，1974。

② 关于九莲圣母的身世，参阅雷大受，《九莲菩萨——明万历皇帝生母李太后》，《燕都》1985 年第 12 期，37—39 页。关于河北民间传说中的九莲圣母，参阅河北省石家庄地区民间文学三套集成编委会、藁城县民间文学三套集成编委会编，《耿村民间故事集·第一集》（内部资料），第 145—146 页，1987；张鹤龄编，《邢台市故事卷（上）》，第 295—296 页，北京：中国民间文艺出版社，1989。

万历龙床吃一惊，梦见国母来讨封。不等天明上金殿，上了金殿就撞钟。文武大臣上金殿，"咱朝有了何事情？"万历金殿把话明，昨晚国母来讨封。小南海里观宝地，看了宝地就动工。修了大皋七丈二，奇脊捏兽卧盘龙。扯了三千琉璃瓦，五龙飞升闹哄哄。四角凤铃叮当响，青石柱子转周撑。四面扣上龙凤镜，夜晚明到养老宫。甬路都是方砖砌，又修正殿双过亭。大皋二皋都修起，又修弧梯十八层。玉皇大帝当阳坐，童男童女立西东。纺花奶奶西间站，暖阁里边是睡宫。郎君爷爷送男子，守生奶奶送女生。癍疹奶奶来看花，眼光娘娘送眼明。瘟神火神修一起，千佛殿里是茶棚。三个金钱空中挂，有人投住是手能。一对狮子张牙爪，一对将军把门庭。一对红灯空中挂，一对旗杆立西东。四月十五立下会，万古千秋留下名。

二、李太后出京

李太后出北京起了大驾，她一心宁晋泊去观荷花。跟驾的文武不知多少，有宫娥和彩女陪伴銮驾。李娘娘上了船三棚三桅，那民人顺河沿就把纤拉。船行走又来至宁晋泊内，李娘娘在船上就观荷花。藕莲花开得鲜甚是好看，那鲤鱼跳龙门溅起浪花。头鸡头它开的俱是蓝绿，有蒲草结蒲棒水内扎根。有菱角开白花配上绿叶，水皮上开的是马蓬松花。有金莲和红莲一开二放，莲蓬碗荷叶盖水内藏扎。摇船的摆渡的摇摆行走，那民人俱是打鱼摸虾。李娘娘观不尽泊内景致，李娘娘在船中坐化中舱。有四相和吏部急忙禀诉，禀报给北京城当今皇王。万历爷在金殿出了旨意，发帑银修庙宇塑画金光。先修得娘娘庙金砖绿瓦，梳妆楼修得好巧匠修成。殿前头钟鼓楼对房两座，鼓不敲钟不响人不知明。万历爷在金殿立下大会，四月十五都来进香。一个个进庙门参拜圣母，又增福又增寿又免灾殃。

三、哭五更

一更里来泪涟涟，老王晏驾龙归天。寡妇守寡守着你，怀抱万历去登基。二更里来泪满怀，叫声万历听明白。徐杨进宫把你保，李良进宫把你害。罗裙裹来凤襟盖，怀抱万历坐金台。小万历坐的九龙口，十万江山保起来。三更里来泪盈盈，文武百官都进宫。把贡进到宫院里，烧钱焚纸刚天红。抬头

铁佛寺庙会曹庄茶棚会中的九莲圣母

看见天花板，鼓板一响大天明。四更里来泪眼花，万历叫俺观荷花。未曾上船心害怕，未曾上船腿发麻。就知观花该俺死，就知观花不归家。五更里来泪满腮，万历给俺修庙来。修得大皋龙排皋，修得二皋过水在。金梁金柱琉璃瓦，玉石柱子蛟龙台。虎皮褥子金交椅，宫娥彩女两边排。四月十五立下会，都给国母进香来。①

　　宁晋泊早已枯竭。传闻当初淹死李艳妃的地方就是今天宁晋县的孟家庄。孟家庄的奶奶庙是专门供奉这位众说纷纭的皇妃的。或者是知道九莲圣母家底的缘故，据说孟家庄的人从不进庙祭拜这位皇妃。于是在当地也就流传"孟家庄的奶奶，照远不照近"这样的俗语。不论怎样，他地的信徒们依然祭拜成神的九莲圣母。

　　从印行于"大明万历四十四年（1616）"的《佛说大慈至圣九莲菩萨化

---

　　① 曹景兴、史凤山、李彦敏搜集，《孟家庄奶奶庙歌谣》，见《中国民间文学集成·宁晋县歌谣谚语卷》（内部资料），第82—86页，1988。

　　　　　　举头三尺有神明

身度世尊经》和《太上老君说自在天仙九莲至圣应化度世真经》可知，在死后不久，李太后分别被佛教和道教纳入了各自神系。这两部经尾都有"当今皇帝谨发诚心印造"的字样。据此，马西沙和韩秉方断言这两部经是万历皇帝亲自为称颂其母的"作秀"之作。虽然真伪有待推敲，但马、韩二人展示给我们的被奉为九莲菩萨的李太后与当时西大乘教的关系则是中肯的。[1]确实，借助万历皇帝"自白"的经卷和西大乘教等教派，九莲圣母在民间被广为传播。

在梨区的九龙口铁佛寺，与三皇姑奶奶一样，这位口碑不是太好的九莲圣母同样是主祀神之一。曹庄的铁佛寺茶棚会就一直祭拜这位是是非非的圣母。与以往虔诚敬拜神灵的女性处于隐性状态不同，现在部分女性也出现在了会首名单中。自从 1988 年恢复以来，老辫每年都组织茶棚会会首们前往铁佛寺搭棚过会。在会首家轮值供奉的九莲圣母神马不会带到寺上去，一直在会首家之间传递轮转。在铁佛寺搭建的茶棚中，另有一幅更大的九莲圣母神马。

2002 年 5 月 14 日，我在老辫家与老辫寒暄完之后，他就接着准备茶棚要用的灯、线等工具。随后的日子，会首们都纷纷为搭棚做准备。捧粮、捧钱，络绎不绝。正是跟随老辫领头的这个茶棚会，我后来才对铁佛寺庙会有了更深入的了解。


# 我们村东


围绕曹庄村东的三官庙，老辫还从 1989 年开始张罗过三官庙会。三官庙早已被毁。过会时，老辫张罗搭棚，村子中就有人前来烧香磕头。过了几年，因多种原因，三官庙会停办了。

曹庄村西的老母庙会就主要是村西头的人张罗。但与龙牌会相仿，老母

---

① 马西沙、韩秉方，《中国民间宗教史》，第 680—683 页，上海：上海人民出版社，1992。

重修的老母庙。传闻庙内的神像是唐代的，所以在2004年，村里的人们将其埋在了庙内的地下，并用混凝土封上。结果，在2005年春夏之交，塑像还是被盗贼掘地偷走。

庙的重修，也颇费周折。写在现今庙壁上的《重修老母庙记》先强调这座庙宇最早修建于唐贞观年间，并说明1961年老母庙被毁时，老母塑像埋于地下。改革开放后，人们经过很多努力都没能找出塑像。1989年，在万般无奈的情况下，有人戏让23岁的"痴女"（傻子）韩月子试试，结果就在其"窥地画圈"处佛光再现。同时，也是在一种两难的语境中，人们将老母庙的重修与梨园丰收、国泰民安联系了起来，从而赋予老母庙重修的合法性、合理性。

在一个夕阳西下的黄昏，我抄写了《重修老母庙记》中如下的句子：

几年来，白叟黄童，凡有所请，无不灵验。譬欻瞬间福及生灵可见，数例奇患，顷刻痊愈。顶礼膜拜者，门无虚日。庙祝三妇，侍迎香客，累喘不

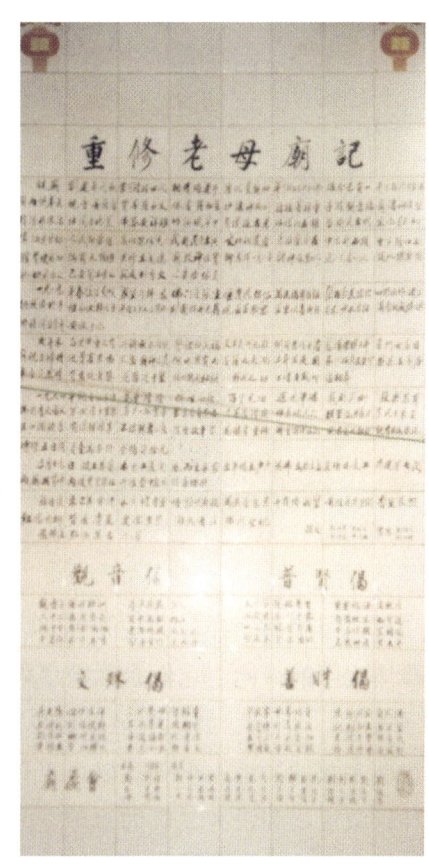

息。庙神之灵何地蔑有，而菩萨灵异若是。国家兴旺，庶民安宁，梨果满园，屡丰告庆。然时有恶徒意骧，遂匿，搜于室，徙而闭关秘匙，以影代之。仍日增月盛，叩谒相寻。

除了上述这些信仰群体，曹庄还有其他群体。村子东、西两头分别有祖辈人传下来的少林会、五虎会。此外，村西还有秧歌戏，村南有丝弦会，前街有鼓会，等等。

至此，我才真正理解，老辫和其他村民为什么老说"我们村东"怎样怎样，

龙牌会上，在前街鼓会的伴奏下的秧歌队正在表演。

"村西"怎样怎样。这些简单的表述蕴含了村民自己的历史记忆和村内不同群体之间的认同，它们是无数事件和群体的简称，一种群体记忆和历史的当下表述。[1]但是，如同中国多数乡村一样，今天各个村落的这些记忆与历史正在被多数的当地人忘却，以至于只剩下了"虚脱"的言语。村落仅仅成了一种行政区划和没有灵气的地理空间。同样生于斯长于斯的新一代人几乎都是现代学校教育"克隆"出的产品，少了自己的个性、底蕴。

在曹庄，对梨区人生产和生活，家居、村落空间布局，当地人家中神灵的敬奉，朝山会、铁佛寺茶棚会以及老母会等诸多事象的了解，使我隐隐约约地觉得：像龙牌会那样的轮祭制度和搭棚过会的方式在当地曾经应该是普遍的情形。从理论上讲，如果朝山会或铁佛寺茶棚会等有范庄那样一批地方精英的再造和不少学术写作的鼓吹，就完全可能与龙牌会一样引起轰动效应。事实上，在当地众多的庙会中，龙牌会也只不过是"时势"造出的"英雄"。

---

①关于乡民"说"出来的乡土社会，我曾进行了进一步研究，参阅岳永逸，《都市中国的乡土音声：民俗、曲艺与心性》，第161—184页，北京：中国人民大学出版社，2015。

　　　　举头三尺有神明

# 5

# 内卷化的铁佛寺庙会

## 吕荡庙边的代哭

　　书斋里的学问与田野调查并无高下之分，各有千秋，是有着鲜明个性的、截然不同的两种研究方式。田野调查直接逼视日常生活世界，需要好的体能、勇气、毅力、学术敏感和微观细读的阐释能力。在田野现场，经常能发现鲜活的东西，那是书本上永远也难以看到的。经常在田野中走动的人，自然而然地会爱上田野。刘铁梁教授就是这样的一个"田野迷"。与现在很多想学民俗学或对民俗学感兴趣的人误认为民俗学好玩、可以到处旅游不同，他情愿做田野，而不愿旅游。每年不出去做田野，他就觉得心慌，认为自己远离了学问，远离了知识。也正是在他的带动下，我这个山里长大的农民娃也爱上了田野，但田野是艰辛与乐趣并存。

　　2001年8月，正值酷暑，先生带我一同到上海淞江做调查。我亲眼看见了田野中先生的"农民相"。适逢正午，烈日炙烤大地，田里的稻子都耷拉着脑袋，没有一丝风。为了寻找吕荡村的吕荡庙，我们一行三人不得不顶着烈日行走。吕荡庙掩映在竹林、鲜花与绿草之中，由一对老年夫妻守护。庙是由一些铁皮、石棉瓦和空油桶拼凑而成，简易却香火不断。虽适逢酷暑正午，

却不时有人骑着摩托车前来烧香。

守庙的老人讲,以前的老吕荡庙很大,四进房子,还专门有太保说书的地方,一直由一户人家世代相传守护。20世纪60年代,吕荡庙被拆。在那以后,原先守庙的人家也不再守护庙宇。20世纪90年代中期,在现今这两位守庙老人的号召下,村民重新搭建起了这个简易的小庙。两位老人的宗旨只有一个——"做好事"。这与梨区人所说的"行好"没有什么不同。事实上,这里很快就成了附近村民死后报庙的地方。

当坐下来,老人递上开水时,先生早已汗如雨下,并说道:"实在是太热了。"没想到的是,话音未落,先生脱下了上衣,赤裸上身,露出了他的"农民相"。就这样,先生继续与老人谈吕荡庙的来龙去脉、原原委委。有感于先生的率真,我不禁暗笑:"这不也就是一个农民嘛!"

离开吕荡庙是下午两点多,太阳同样一丝不苟地铺洒它的金光,毫不吝啬。淞江乡村的美景于我已经没有什么意义。有老师在,我不得不坚持跟着老师走。就在闷热中,我发现了路边的墙壁上歪歪斜斜地写着这样的广告:

浦南吹打

电话 57863721

BP．956392397201

土工　代哭念经

我忍不住问随行的郑土有教授："这里还有代哭的？"

在上海已经生活、工作多年的郑教授显然见惯不惊，不急不慢地说："有，有的人家死人了，亲人不会哭，哭得不像，就专门请人代哭，土工就有代哭的职责。"

没想到在小说中，在影视作品中看到的"代哭"竟然还在富饶的上海之郊盛行，并且成了一种工作，还做起了广告。电话、BP机（寻呼机）等现代科技产品全都派上了用场。套用一句老话，"新瓶装旧酒"，代哭也同样与时俱进。

不在田野中走，是不会有这些意外收获的。也就是从这开始，只要是在做调查，我随时都提醒自己：擦亮眼睛，打起精神。事实上，只要做田野，这样意外而新奇的感受比比皆是，哪怕是自己比较熟悉的本土文化。相反，哪怕想象力再丰富，陌生感再强的他者可能永远都对其闯入的异文化有着隔膜，难以读出其中的微言大义。如果说民俗学是"身体力行"的学问，那么"感同身受"则是人类学的特色。显然，身体力行与感同身受之间还是有着鸿沟的。如果说游客之学、寓公之学更类似于人类学，那么民俗学就是地地道道的土著之学。对于作为土著的民俗学者而言，数代人类学家试图厘清的主位、客位都是假命题。

# "鬼子"进村了

2002年5月14日那天在老辫家，突然来到的几位大娘已经让我莫名不已，但随后在梨区调查中还遇到过比这更离奇的事儿。

梨区的铁佛寺在秀才营、大夫庄、大安和朱家庄四村的交界处——九龙口。这里也是三县交界的地方。从曹庄要经大夫庄，才能到铁佛寺。步行要一个小时左右，骑自行车也差不多要半小时。我和老朴用的是老辫无偿提供的老旧但结实的自行车。为了提高效率，我们早上一般五点半出发，晚上八点左右返回。因为主要调查铁佛寺庙会，所以每天或去铁佛寺，或在铁佛寺周围的村庄晃悠。

为了记录资料，我们随时都背着照相机、摄像机、录音机、毛巾、水杯等必用品。脖子上挂的是，腰里插的是，肩上背的是，头上还戴着帽子，可又骑着很陈旧的老式自行车，样子确实有些不一般。2002年5月16日，当我俩骑车经过健全（大夫庄的一个行政村）时，已经是清晨八点左右，东西向

在村子中的『鬼子』

（朴广浚摄）

的主街道西头街口并没有什么人。可就在我们向东骑车前行时，街两边房屋的屋顶上陆续出现了越来越多的身影，注视着我们，并不时指指点点，如同"鬼子进村了"一样。

出了村东口后，我问老朴："你看见两边房顶上的人了吗？他们全都在看我们。可一开始房顶上并没有人。"

"看见啦。"

"你明白了吧，当年日本鬼子为什么战胜不了中国？"

对我这一问，老朴没有听明白。祖辈也曾受日本侵略和欺凌的他，很是茫然，看着我，没有作声。我不能苛求他，笑着说：

"别想了，咱们就暂且做一次'鬼子'吧。"


## 让都传说


铁佛寺所在地叫"九龙口"，老百姓最一般的解释是这里有通往周围东、西、南、北村庄的九条大道，乃是一个"交通枢纽"。据说，南北方向的一条道是以往的官道，向北直抵北京，向南则通往小南海，即前文提及淹死李艳妃的宁晋泊。显然，这只是九龙口得名的一种说法。如果真正是交通枢纽，按照经济学的原理，它现在应该是经济发达、人烟稠密的地方，可事实上，它比过去更荒凉。

"九"与"龙"在中国文化中有着特定的含义。"九五之尊""真龙天子"等把"九"与"龙"同至尊的皇帝等同起来。在一般老百姓那里，人们也常用"九"或"龙"讨个彩头与吉利，常说"天长地久""乘龙快婿"等等。因此，在中国乡村很多地方都有"九龙口"这样的地名。铁佛寺所在地之所以叫"九龙口"，则主要是因为传闻这个地方风水好。在铁佛寺庙会现场，当我问及铁佛寺的来历与历史时，五十岁上下的人，甚至一些年轻人都给我讲述了大致相同的传说。

传闻，九龙口是块风水宝地。明代，燕王朱棣扫北走至此地时，蓄谋已久并准备在北方定都称帝的他一看此地风水不错，便让刘伯温算一算此地是否适合修建都城。刘伯温掐指一算说，此地七分富三分穷，可以修建京城，不过可以再找找看是否还有更好的地方。朱棣于是向北射了一箭，一箭射到了七百里之外今天的北京城。到了那里之后，刘伯温掐算的结果是三分富七分穷，穷人太多。当燕王带着人马又急急赶回九龙口时，没想到从地底下冒出的三尊铁佛已经占据了这块风水宝地。不便与佛祖争夺的燕王只好把都城建在了北京。

人们在讲完这个传说之后，一般都会补充说："这只是个说法，老辈人都是这样讲的，谁也不知是真是假。"2003年7月26日，常年游走在梨区各个庙会，会耍把式卖艺的宙宇在给我讲述了这个"让都"传说之后，更直白地说：

这都是蒙人的。事实上，不是那么回事。以前，铁佛寺地势很高，远远地在大夫庄就能看见铁佛寺。周围的这些村庄也能听见寺上传来的钟声。这里以前是滹沱河的故道，风沙大。很可能是以往哪个朝代修建的铁佛被埋在了地下，风慢慢刮走了铁佛上面的沙尘，从而使铁佛露出地面。时间长了，人们于是就说铁佛是从地底下冒出来的，与明朝皇帝争风水宝地了。

对传说的真实性与文学性，国内外的民俗学者有很多的界定与讨论。[①]该传说的真假我们现在已经无法验证。显然，光明正大、堂而皇之的《明史》不会记载这些陈谷子烂芝麻、鸡毛蒜皮之类的琐事。传说就是民间的记忆，是民众对其已有的生活世界认知的一种叙述与言说，不仅仅在表述他们自己的生活境况，也隐含着对上层文化的认同、批评与对抗，是公开语本和隐蔽语本俱在的"弱者的武器"[②]。他们的感性与理性都蕴含在这些传说故事中。乡村中流传的故事、传说是乡村流动的魂魄，有了这些故事传说，一块土地不再仅仅是自然界的静物，而是蕴蓄着无限生机与生命的"地母"。正是这些流动的传说故事教育、规束了一代又一代的乡下人，传递着乡民也是中华民族的"香火"。

在这里，人们将九龙口的铁佛寺与皇帝联姻，并世代讲述，最终无非是强调这里的风水好。今天不太相信的人们仍然讲述它，则多少有些自我安慰的味道。铁佛寺周围四村的人都说："龙牌会算什么？哪儿能与我们铁佛寺庙会比，明朝就有了，有它十个龙牌会大！"

但是，传说确实不仅仅是传说。2002年5月，在听说还有一块残碑在秀才营村委院内时，我和老朴到了秀才营。那天，雨后初晴，泥泞坑洼的街道上到处是浑浊的污水，几乎无法行走。由于我们第一次来，与村民相互之间并不熟悉，也找不着方向，问了几个人，大家都推说不知后，无功而返。与我同样饿着肚子的老朴唯一的收获是在秀才营村委门口附近的商店买了豇豆等蔬菜种子。一年后，这些种子在韩国老朴的家中生根发芽，却索然寡味。中国蔬菜的移栽最终没有成功。

---

① [日] 柳田国男，《传说论》，连湘译，北京：中国民间文艺出版社，1985。

② [美] 斯科特（James C.Scott），《弱者的武器》（*Weapons of the Weak*），郑广怀、张敏、何江穗译，第344—351页，南京：译林出版社，2007。

2003 年 7 月，当我和学文兄再次来到这里时，在秀才营村委院内的荒草丛中，我们发现了这块沾满泥沙的残碑。借了看门老人的一盆水，清洗之后，断碑上的字渐渐清晰起来。这是赵县曹庄、白舍村、东平村等村善人和晋县（现晋州市）杨施主等人众为了纪念其共同捐资重修佛殿一所而立的碑，题名是"修铁佛寺志置田碑记"。断碑中有"□朝国初年僧人洪亮云游至此……天顺壬午秋阴雨连绵"等字样。天顺是明英宗的年号，该断碑碑阴的题款是"大明嘉靖叁拾肆年肆月拾叁日"。因此，铁佛寺在明初就有，应该是大致正确的说法。

更令我惊奇的是，人们讲述的让都传说中所说的铁佛寺距离北京的里数七百里，居然与方志上所记载的相差无几。这是巧合，还是文人的杜撰？对此，我至今仍百思不得其解。

# 不纯净的九龙口

九龙口虽然是个三不管的荒郊之地，但对周围村庄的人而言，它则意义非凡，绝非仅仅是一个供人们茶余饭后闲谈的地方。

九龙口是其周围村民埋葬亲人的地方，连接着阳世和阴间。当地人所说的与五大仙等狐鬼精怪相连的"洞口的事"，与仙家和死去的亲人之间的联系都可以通过在九龙口烧冥钞实现。1999 年，铁佛寺旧址的北侧，现今戏台的西边，有一个长、宽、高都不到一米的小砖屋，里面有一个竖写"九龙口、胡老荣、王老先生、胡老彦"的牌位。2002 年，这里面仍供奉了在一张黄纸上用墨汁写成的"九龙口之神位"的纸马。与铁佛寺其他地方不同，此处只能烧冥钞。

作为滹沱河故道的一部分，在没有大面积栽植梨树以前，九龙口完全是一片荒凉之地。直至民国，这里的黑风仍让人记忆犹新。当地人有俗语，"铁

佛寺的风，浑透啦"。秀才营遂亦有"小黑营"的别名。尽管现在铁佛寺周围已经是梨树地，九龙口的风依然很大，从阴历四月初八到十二的庙会期间，经常刮风。在庙会行走一天，人很难保持体面、洁净，常蓬头垢面。庙市上所有卖的东西多少都会沾染尘土。人们喝水、吃饭后的碗底常有一层清晰可见的泥沙。

在人们的记忆中，九龙口也与土匪联系在一起。抗战前的土匪常在铁佛寺内外出没，抢夺来往行人，有时也进村抢劫富户。虽然这些土匪多数是附近村庄的，有着"兔子不吃窝边草"的"仁慈"，但哪怕是穷人，人们对土匪也心有余悸。通常一个人是不敢在这里行走的，尤其是妇女和小孩。新中国成立之初，被人民政府正法的赵小鬼、李小锁这些土匪仍是今天老人们常提起的名字。

当然，九龙口还是人们积善行德的地方。今天，仍在铁佛寺倒卧的唯一一块乾隆年间的茶房碑碑文如下：

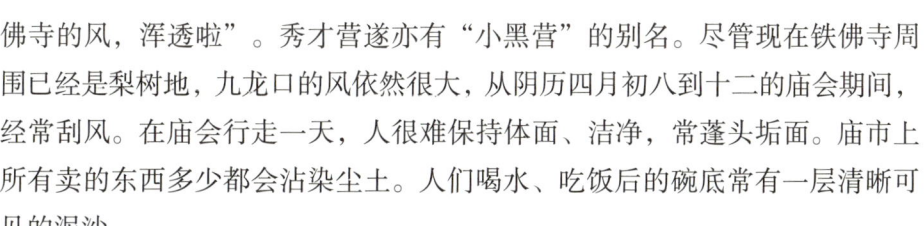

今天下知理善而已矣圣之所以为圣神之所以为神纯皆而已矣故□之施□

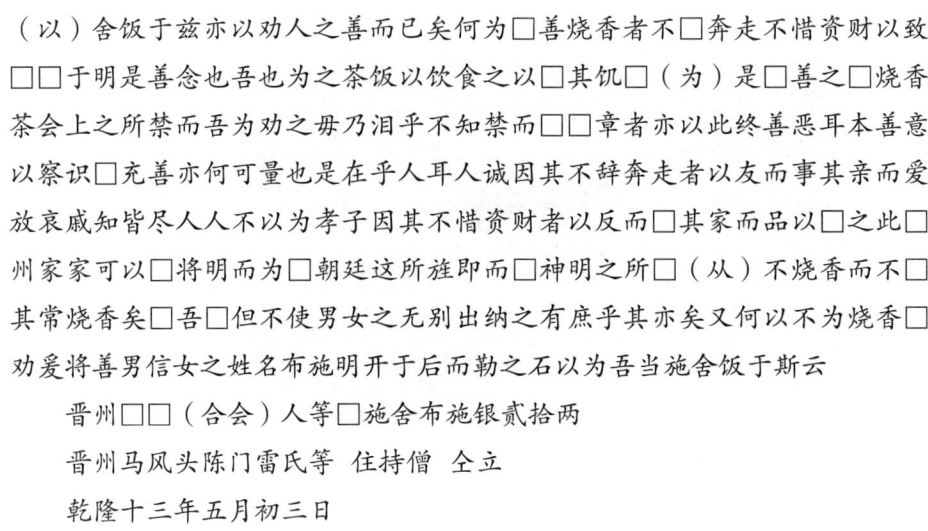

（以）舍饭于兹亦以劝人之善而已矣何为□善烧香者不□奔走不惜资财以致
□□于明是善念也吾也为之茶饭以饮食之以□其饥□（为）是□善之□烧香
茶会上之所禁而吾为劝之毋乃泪乎不知禁而□□章者亦以此终善恶耳本善意
以察识□充善亦何可量也是在乎人耳人诚因其不辞奔走者以友而事其亲而爱
放哀戚知皆尽人人不以为孝子因其不惜资财者以反而□其家而品以□之此□
州家家可以□将明而为□朝廷这所旌即而□神明之所□（从）不烧香而不□
其常烧香矣□吾□但不使男女之无别出纳之有庶乎其亦矣又何以不为烧香□
劝爱将善男信女之姓名布施明开于后而勒之石以为吾当施舍饭于斯云

晋州□□（合会）人等□施舍布施银贰拾两

晋州马风头陈门雷氏等　住持僧　仝立

乾隆十三年五月初三日

从碑文可以看出，此碑为的是宣扬搭建茶棚、烧香拜神和施舍茶饭，张
扬的是"上之所禁"而"民之所行"的"善"。在善人、施主要不停重修铁
佛寺的殿宇和交通艰难时期，无视上之所禁而在此搭棚、施舍茶粥，喻指的
是九龙口是善所在的地方，是草根社会"厚人伦、美教化"的空间，也可以
说九龙口是乡民崇尚的生活秩序和道德风尚的所在。

还有一个传说隐喻了梨区人对铁佛寺的向往。传闻铁佛寺的铁佛殿中没
有与铁佛相配的铁罗汉（或说只有十八泥塑罗汉）。人们说，十八铁罗汉知
道铁佛在九龙口显身后，就化作人形匆忙赶去护法。走到大安（九龙口西边）
铃家街东头的佛爷庙时，罗汉们被一位早起的拾粪老者撞见。无意中，老者
一语道破天机，说："我看你们的长相，活像十八罗汉。"瞬间，这十八个
铁罗汉现了真身。惊慌的老者赶忙召集村民将铁罗汉抬进了大安的佛爷庙，
并供奉在了那里。

从此传说可知，九龙口周围的村庄也仅仅是神灵以九龙口为中心的活动
场所之一，是佛光普照的地方。因此，该传说也强调了铁佛寺与周围村庄的
关系，即佛所在的中心与边缘的关系。这和以人活动为中心的村庄与没有人

 在这里，一直都有人供奉无生老父／母。

烟的三不管的九龙口之边缘关系正好相反：人所在的中心正好是神活动的边缘，而神所在的中心正好是人活动的边缘。发生在村庄中常见的怪诞事情，一旦发生在九龙口这里，也就有了更多的神秘和神圣色彩。它也就容易成为一个圣地，成为神灵鬼怪的祭所。皇帝都不敢在此栖身，一般的常人也就不敢造次了。这里自然也就始终渗透着俗世的荒凉。作为神仙鬼怪之聚会地，它也永久性地弥漫着神圣与神秘的氛围。

# 顽强的铁佛寺庙会

铁佛寺的主祀神是如来佛。但是，在这个乡野庙宇中，如来佛也无力阻止乡土宗教的其他神仙鬼怪在此安营扎寨，甚或鸠占鹊巢，喧宾夺主。因此，人们记忆中的铁佛寺和当下的铁佛寺都是一个五方八处的所在，是一块乡野的"杂吧地"①。这里汇聚了民众所信奉的天地三界十方的神灵，附近各村的人们可以把自己家中、村庙中供奉的神灵都请到这里来祭拜、供奉。这也才有了1999年我所见到的29个小庙。这些小庙并不是改革开放后人们才凭空在那里修建的。按老人们回忆，改革开放后重修小庙中的大部分在1949年之前都有。

由于铁佛寺神灵的庞杂性，在破除迷信的主流话语中，近百年来，它始终都是官方限制、破除的对象。官方一直都在尽力将铁佛寺庙会纳入其意识形态之下，将其改造过来。在这种语境下，铁佛寺庙会也就成了一个如"春草秋虫"完全自生自长自灭的"乡野庙会"。然而，这个"草根"的生命力之强，不得不让人赞叹。

2002年5月16日九点多钟，当我到了多次想起的九龙口时，我不禁目瞪口呆。不是因为在现场为庙会做准备的三个人齐声对我"从哪里来？干什么的？"之类的严厉"盘查"，而是因为1999年我亲眼看见的，那些修建颇为规整的小庙荡然无存，只剩残垣破壁，一片狼藉。稀稀拉拉，缺胳膊少腿的几座塑像凝固在那里。为什么呢？

在后来熟悉之后，那几个盘查我的人才告诉我，我看到的庙群在2000年铁佛寺庙会前被人用推土机在两个深夜给推了。这件事情留下的后遗症就是，本来十分好客的当地村民，尤其是行好的，对外来人开始恐惧、担忧与警惕。

---

① 关于"杂吧地"的能指、所指和其学术意义上的价值理性，可参阅岳永逸，《老北京杂吧地：天桥的记忆与诠释》，第309—355页，北京：生活·读书·新知三联书店，2011。

1999 年铁佛寺的
善心菩萨庙

2002 年阳光下铁
佛寺的砖砾废墟

这也才有了对我这个陌生人的盘问。

县、乡、村各级政府经过两年的酝酿,决定修复作为"民间文化"的铁佛寺,并欲以此为基础,成立"赵县梨园民俗度假村"。在 2002 年四月初八铁佛寺庙会的正日子,举行了有县、乡、村各级领导参加的奠基仪式,并张贴出了县级主管部门设计的重建铁佛寺的图纸。行好的并不激动,他们更关切的是那些庙何时才能修好。

抗日战争时期,寺庙残破。土改,分了庙地,和尚或逃散或还俗,寺庙的砖瓦和三四十块记载着寺庙历史的碑成了修桥补路和修渠的绝佳材料。无论有无铁佛,毁庙与否,只要能过庙会,人们都一样地过。对不同神灵的不同信仰者从四月初八到十二都纷纷云集这里,烧香叩拜。2000 年,前来铁佛寺赶会的人更多。没有了庙,人们就搭棚过会,并一直持续到今天。以往为

庙会期间，人们这样运输食用水。

前来过会的庙会组织、香客提供茶水、饭食及住宿的茶棚，完全担负起了庙宇的职能。

破败几乎是九龙口的常态，铁佛寺庙会却一直都在或隐或现地延续。

## 庙会"主人"的家世

据老人们回忆，在民国时期，铁佛寺庙会是由大夫庄、大安、秀才营和朱家庄四村共管。但具体究竟怎样一个共管法，没有人能说清楚。四个村子的人说的有一点是共同的：是由各村中的有权、有财或有势的"地主老财"

负责组织安排，一般的人都只是参与者而已。

铁佛寺周围这四村各有特点。朱家庄在寺东，一直较小。在朱家庄东侧，已经与朱家庄连成一片的宁晋县北朱家庄有一半人都是天主教徒，有着较长的天主教传承历史。新近由该村奉教的自己集资，修建了非常壮观华美的天主教堂，其高耸的钟楼和优质的大钟，使钟声响彻方圆十里。我在铁佛寺周围村庄走动时，无论是晨曦之时，还是暮色时分，经常都能听见这个教堂的钟声。尽管如此，朱家庄至今都没有一个天主教徒。

2003年7月25日清晨六点，住在秀才营一位会首家的我被清脆的钟声惊醒，一头坐了起来。原本以为是会首家的挂钟，但除秒针的嘀嗒声之外，并无别的声响。过了半个小时，六点半，穿空而过、划雾而来的清脆钟声再次响起。房东早已起床。在我问钟声从哪里而来时，这位虔信九莲菩萨的女会首怅然地说："那是人家教堂的钟声。我们小时候听到的都是寺上的钟声，现在都没啰。"她说的寺就是近在咫尺的铁佛寺。七点，清脆的钟声再次穿越时空，整整响了七下。或者是因为这次对话，接下来在梨乡行走的日子，北朱家庄教堂的钟声似乎总是故意钻入我的耳朵，定点作响。如此，也就才有了后来我对梨区信仰空间和赛局从音响维度的研究。[1]

秀才营在铁佛寺西边，虽然现在很少有读书人，但据说过去这个村中曾经有几十个秀才。直至民国时期，秀才营在外为官或闯荡的人仍然很多。

秀才营再往西的大安是一个半州半县的村子，一直比较大，有寨墙。直到清代，大安都是州、县分管，其五道庙也就有了州五道和县五道之分。抗日战争时期，这里曾经被鬼子侵占，并设有据点，还改名为"太阳府"。日据时期，村干部得应付鬼子和帮助八路军。当年才十余岁的堂老人就曾由村里派去给鬼子当苦力，而在晚上，他也同样由村里派去给八路军挖地道。2003年7月24日上午，章老人形象地给我描述了他儿时经历的多灾多难的生

---

① 岳永逸，《教堂钟声与晨钟暮鼓：华北梨区乡土宗教的赛局图景》，《民俗研究》2012年第5期，第72—80页。

活，正所谓"经过反，经过乱，经过鬼子撂炸弹，经过蚂蚱滚成蛋"。20世纪30年代，与赵县县城一样，大安一度还是棉花的重要集散地。

大夫庄的得名和来历有着动人的传说。传闻汉代这里闹马蜂，铺天盖地的马蜂见人就蜇，死人无数。刚好村中有一个姓李的大夫在熬制中药，药味使马蜂不敢靠近，从而保住了这位大夫的性命，村子中的人也得以繁衍下来，所以这个村子叫"大夫庄"。二说，大夫庄名字的由来是因为在某个朝代，这里曾经出过一个在朝廷中官职做到大夫的人。据传，这在村中刘姓的家谱上有记载。

很巧的是，在2002年大夫庄敬奉路神的茶棚中，两个同时在场的老人一先一后地给我讲述了这两个传说。他们都强调自己听到的是真的，各不相让，争得面红耳赤。后来，我得知，过去一直较大的大夫庄在村东、村西和村南各有一个五道庙。村中老人讲，过去的大夫庄不死人则已，一死人就连着死，正所谓"大夫庄，三五道，你叫我也叫"。当听到这句俗语时，我就想到前一个凄美而悲壮的传说，浑身不寒而栗。显然，大夫庄历史上曾有过很多悲戚和被死亡阴影笼罩的时刻。后来，当天色较晚，我仍在大夫庄行走时，总有种毛骨悚然的感觉，时常自己给自己壮胆。在新中国成立后不久，庞大的大夫庄就被分割成了几个小的行政村。今天，这里的人口已经过万。

尽管现在铁佛寺周围的土地已经在行政意义上划归了秀才营，秀才营村民也把铁佛寺说成是自己村的，但其他三村的人从来都未承认这一点，总是在强调自己村和铁佛寺的渊源。这使得现今的铁佛寺庙会仍然缺乏一个统一、有力的组织，虽然秀才营村委联合秀才营的东、西茶棚会成立了庙会指挥部。人们按照惯例在寺上曾经属于自己的地方搭建茶棚。秀才营村委则主要是负责牵电线、征收商贩的税钱、维持治安以及写戏等。

# 茶棚会的经济－政治学

　　1949 年前在铁佛寺过会，周围四村的人们就一直在寺外搭建茶棚，自负盈亏。铁佛寺殿里的收入归寺庙，由寺中的和尚享用。那时，前来搭棚的主要是铁佛寺周围四村的人，每村至少都有一个大茶棚。茶棚的规模很大，通常都有三四间屋。由于过去交通不便，附近也没有大的集镇和旅店，在长达五天的庙会期间，众多的香客吃住就成了大问题。于是，与相同时期的妙峰山庙会、泰山庙会、苍岩山庙会期间的茶棚一样，铁佛寺的茶棚不仅是特定群体为神灵当差效力、积善行德的义举，同时也扮演起了香客旅店的角色。茶棚也成为乡土中国的一个"关键符号"（key symbols）[1]，并与乡土中国一道蹒跚前行，历经风雨。

　　2002 年 5 月 19 日，在秀才营西会茶棚，我幸运地遇到了前来住棚的宁晋县胡村的锁老人（1925 年出生）。从 7 岁开始，他就一直随祖父在秀才营西会茶棚住棚。那时在铁佛寺搭建的每个茶棚一般都有着比较固定的香客吃住。胡村的香客一直在秀才营西会茶棚吃住。庙会期间，前来上香的香客都会带上吃住的东西交给茶棚，然后在茶棚住下。在秀才营西会茶棚住棚的还有宁晋县和晋县（现晋州市）近十个村子的香客。

　　为什么这些村子的香客在秀才营西会茶棚住棚，而不是在其他茶棚住棚，锁老人说不清楚。他能记起，那时秀才营西会茶棚会的会头李小魁是他做厨师的祖父的徒弟。从此信息，我们大致可以得知，茶棚与住棚的香客之间不是散漫无序的自由组合，而是存在着种种潜在的联系，如信奉同样的神灵、亲戚关系、地缘关系、师徒关系以及性情相投等单线或多线关系，即人类学社群研究（community studies）通常所指的血缘、地缘、情意／友谊、信仰、

---

[1] Sherry B. Ortner, "On Key Symbols", *American Anthropologist*, vol.75 (1973), p.1338—1346.

交换以及趣缘等多向度不同的联结。[①]

茶棚会既是一个信仰群体，也是一个经济单位。相对于家庭而言，它是具有较为明确的权利和义务的次级群体。1920 年出生的章老人，在自己十多岁的时候，就在大安的茶棚中住棚，替病好的奶奶还愿。包括顾颉刚、吴效群等人对妙峰山香会组织的研究和叶涛等对泰山香社的研究[②]在内，对茶棚会信仰、义举和它在社会组织中功用等方面的强调，常常掩盖了茶棚会的经济职能。直到今天，对茶棚会这种因信仰而生发的次级群体的经济学研究，几乎仍是一片空白。显然，信仰不单单是精神生活，茶棚会也不单单是一个由同一神灵或共同信仰维系的群体。茶棚会成员的远途旅行要吃住，同时他们还必须为他人提供简陋的食宿。即茶棚会成员和与该茶棚会相关联的人，都得吃喝拉撒睡，还不乏打金钱眼、骑毛驴、坐缆车、掷色子、看庙戏歌舞等娱神娱人的各种行径。

今天，红红火火、装腔作势、来势凶猛的旅游经济似乎主要指的就是：因大量人群异地流动而必然有的吃喝拉撒睡玩等消费行为给旅游目的地带来的经济效益。于是，在发展地方经济、增产创收、让老百姓富起来等正义凛然、义正词严的口号下，圣山景区化、景区圣山化的双向互动促生的宗教经济学，尤其是香火经济，成为地方发展的"葵花宝典""大内秘籍"。[③]妙峰山、苍岩山、泰山公然走的是圣山景区化的路子。

对于茶棚会的经济学研究或者能带动并促进对传统乡土社会的全面研究。无论过去还是现在，铁佛寺庙会的茶棚不仅仅是一个供茶棚会成员行善的空间、为香客提供茶水和饭食的地方，它也是人们临时搭建的供求神拜佛，进行人神沟通和交流的神圣空间。在香客与茶棚之间，同样存在世俗的互惠交

---

① Robert Redfield, *The Little Community and Peasant Society and Culture*, p. 23—39, Chicago: The University of Chicago Press，1960.

② 叶涛，《泰山香社研究》，上海：上海古籍出版社，2009。

③ 岳永逸，《忧郁的民俗学》，第 130 页，杭州：浙江大学出版社，2014；《民族国家、承包制与香火经济：景区化圣山庙会的政治 - 经济学》，《中国乡村研究》2016 第 13 辑，第 78—128 页。

换。以神灵的名义，茶棚为香客提供休憩、饭食；反之，香客除象征性地给少量斋钱外，主要以给该茶棚神灵香油钱的方式回报茶棚。这样，收支、盈亏等经济因素、利益因素的介入与驱动，在激发不同茶棚会之间"夸富宴式"攀比心态的同时，更容易导致一个茶棚内部成员之间的矛盾和纠纷，使茶棚发生裂变，从而形成茶棚会特有的分分合合、恩恩怨怨、亲疏远近的政治学。

今天，当没有了庙宇，茶棚完全扮演起庙宇的角色之后，在其宗教职能增加，显得较以往更加神圣的同时，部分出于经济方面的原因，茶棚内、外世俗性的纷争同步增长。这些世俗性的纷争反过来又强化和促进茶棚空间布局的完善，神马制作的完备、精美，从而使茶棚作为临时建构的神圣空间能吸引更多的香客。

由于有老鞬这样的能人，曹庄茶棚会完全是仿效庙宇建筑的形制搭建。它从南到北有四进，棚门口有坐南朝北的两个小殿。不同的殿仿效相应的庙宇来挂放神马。三大士殿、三官殿分别按曹庄村西的老母庙和村东三官庙布局。九莲圣母殿、药王殿和铁佛殿分别按铁佛寺旧有相应殿宇布局，西王母殿是按经书布置的。茶棚中总计有100个不同形式的神马，约170个神灵，基本上囊括了铁佛寺和曹庄曾有村庙中的所有神灵。在每个殿的主祀神案前均放置有功德箱。

正因为存在收支问题，来自各村的茶棚会传承到今天也就产生了裂变。2002 年，大夫庄的众善奉行茶棚会、老茶棚会和东会南老母会三个茶棚都强调自己历史悠久，是以前大夫庄茶棚会的"老根儿"。大安的灵宵宫玉皇会、老灵宵宫玉皇会、铁佛寺殿南茶棚会和积善堂茶棚会同样有此纷争。同时，新的环境也在生发着新的茶棚会，如大夫庄敬奉路神茶棚会、大安兴善会等等。邻近的属于晋县、宁晋县村庄的行好的也纷纷来此为自己信奉的神灵搭建茶棚。

与传统社会的茶棚会有所不同，今天的茶棚会更像一个与中国的宗族和印度的种姓相对应的，用来指代美国文化的"俱乐部"（club），维系它的是相对松散却同样具有约束力的"契约连带"①。茶棚会成员是异质的，而非均质的，即茶棚会中的人并不全都是虔诚的言行一致、身心合一的信仰者。每个茶棚会都有会首、会计、出纳等角色，茶棚会成员则在十多人到七八十人不等。多数茶棚中，还有专门给人看香的香道的，他们与茶棚会所供奉的神灵一道，吸引了大量的香客。但是，与在范庄龙牌会现场一样，2002 年 5 月在铁佛寺庙会的这些茶棚中，我没有要同香道的聊聊天的想法，有些熟视无睹的清高。

此外，茶棚会中，还有相当一部分是曾在外工作、以前并不言神、信神的人。他们年老赋闲在家，多少都有儿时茶棚会行善的记忆。因为茶棚会是大家伙儿的事，他们先是帮会，由于识文断字、见多识广，慢慢地也就成为茶棚会中的重要人物。这些人的参与虽然不会干涉、阻止茶棚会中其他虔诚者的信仰活动，但至少不会增强茶棚的宗教色彩。因此，在我的访谈中，几乎在铁佛寺庙会的每一个茶棚中，都有人声明他们并不信神，来此搭棚、参加茶棚会的活动，主要是为了活动活动、强身健体，大家在一起乐和乐和。

2003 年 7 月 26 日，退休后回到大夫庄闲居的奂乡，对前往重访的我说：

①［美］许烺光，《宗族、种姓、俱乐部》（*Clan, Caste, and Club*），薛刚译，第 215 页，北京：华夏出版社，1990。

举头三尺有神明

曹庄茶棚的
西王母殿

在十字路口的敬
奉路神的茶棚会

一个俱乐部

乡亲们找不好推辞，帮了几年忙。这是行好，比赌博强。……行好是风俗习惯，是祖辈传下来的。随大流不挨揍，到哪儿就说哪儿的话，在外头说外头的事，在家里又是另一回事。有没有神说不清楚，信就有，不信就没有。

同一天，另一位老人也表达了类似的看法："这样，经常出来动动，唱唱，心情也愉快，不然老待在家里也不是个办法，何况在茶棚中也是为他人做善事。"这些说法或者能代表多数茶棚中不信神而又参与进来的人的心声，也说明现今茶棚俗世的娱乐色彩、养老功能和宗教职能是并行不悖的。经过百年衍化的"庙产兴学"又多少恢复了些"庙产兴老"的意味。或许，在遥远的过去，在所谓的"愚昧""迷信"时代，茶棚会这样的宗教体、经济体原本就是综合性、整体性地服务于个体、村庄或社区的日常生活。

从与我这个外来人交谈的开始，多数茶棚会成员总会强调自己是在大寺皈依了的，自己有大寺和尚颁发的皈依证，强调自己这样做是行好、行善，是积德，自己是真正的善人。或者对我仍不放心，或者是对我的信任，在我要离开时，他们忍不住会问："你知识多，你说这是不是迷信？"

# 灵验的"香火"

今天的茶棚会或以村中某个寺庙为依托，或以某个神灵为纽带。有的茶棚会则经历了由家庭到村落再到铁佛寺这样的演变，大安兴善会就是一个这样逐渐从家户中走出来的茶棚。兴善会茶棚来自大安，是围绕善于拴娃娃的苏娘（1918 年出生）形成，在铁佛寺庙会期间专门给人拴娃娃。苏娘的婆家一直供奉送子观音。婚后，受婆婆影响开始敬奉送子观音，并学会了拴娃娃。她健康的身体和子孙众多的家庭（五子一女，重孙五个）成了她所信奉的送子观音灵验的事状碑。

女字旁的"娃"，原意是美女。《说文解字》释"娃"云："圆深目皃。或曰吴楚之间谓好曰娃。从女圭声。""皃"同"貌"，"圆深目皃"指眼睛圆而深的美女。另外，吴楚一带的方言称美女为"娃"。因此，《史记·赵世家第十三》中进入赵武灵王梦中的"颜若苕之荣"的"吴娃"，陆龟蒙诗句"邻娃尽著绣裆襦，独自提筐采桑叶"中的"邻娃"，柳永咏叹的"嬉嬉钓叟莲娃"中的"莲娃"等，都是指美貌女子。指美少女的"娇娃"更是戏曲中常见的语汇。

随着时间的演进，在民间的日常交流中，"娃"渐渐远离原意，更多指的是男孩子，即男娃。如同西来的观音在东土演变为女相，"娃"由女身变为男身同样是民间的有意误用。当然，在误用的同时，也保留了长相标致之意。在乡土中国，多年以来拴娃娃中的"娃娃"基本都是指男孩儿。神马上送子观音旁的娃娃像，神案上专供人"偷走"的泥娃娃、布娃娃都吉祥、喜庆，讨人欢心。不仅如此，因应求子的仪式实践，"娃娃"再一次发生了转喻，那就是"香火"。

在多种多样的求子仪式中，因为总有燃烧的香火相伴，"香火"一词的语义也就更加混杂。香火的本意是指礼神敬佛时燃点的香烛、灯火，进而引申指供神拜佛的事，再引申为在庙观中管理香火杂务的人。所以，在民间，信众常常用"香火旺"来指一个庙宇神灵的灵验。在深入人心的重男轻女、养儿防老观念支配下的诸多求子仪式，常常是在庙观内燃烧的香火萦绕下践行。于是，"香火"一词同时也兼指家庭内部的事务，兼指子嗣和子孙对祖先的祭祀。在黄河内外、大江南北，说"某家有香火了"或"他续了某家的香火"中的"香火"既指子孙祭祀祖先的仪礼，也直指操演祭祀祖先仪礼的子孙本身。究竟指祭祀仪礼还是子孙，完全要看具体的交流语境。

这样，在日常的实践、交流与交际中，"香火"实现了自身语义的叠加：将香烛、灯火等物象，祭祀神祇、祖先的仪礼和庙观中管理香火事务的人、家庭中的子嗣集于一身。物、礼、人三位一体，互相诠释，相互涵盖。成为互文的"香火"也轻巧地将儒、释、道三教串成了一串，混融一处。民众可以自如地使用"香火"这个语词，表达对家里家外、公与私、男与女、父与子、人与神的认知和欲求。

20世纪80年代初，大安村中常死幼子，苏娘倡议成立兴善会，并由兴善会在大安村中南北大街南边空地上修建了一间屋子的小庙，内供送子观音、麦王奶奶和真武。后来，兴善会又在铁佛寺修建了老母庙和麦王奶奶庙，将村中小庙的神灵也供奉在铁佛寺的这两个小庙中。2002年，兴善会茶棚就是在铁佛寺这两个小庙的旧址上搭建的，供奉的神灵也是原先这两个小庙中的神灵。伴随其成功的仪式实践和适当的契机，苏娘家的送子观音也就完成了从其家中神龛的神灵到村庙再到铁佛寺神灵的演变，并被更多人膜拜。原本在苏娘家居中的求子仪式也成为铁佛寺庙会的组成部分和亮点。

由家到庙，家如庙、庙如家，最终依旧指向家的延续，这也即我后来强调的乡土宗教家庙让渡辩证法的基本内涵。"香火"不仅是深入理解家庙让渡辩证法的桥梁，也是真切理解乡土宗教人神一体辩证法的基本入口。

2002年，在兴善会茶棚现场，我首次目睹了一位年轻的妇女在自己母亲的陪同下前来挂锁拴娃娃的情形，也目睹了得了儿子后，前来还愿的父子的身影。"锁"是青线穿过中空的镍币形成的环状物。求祈时，在神案前燃烧的香烟的萦绕中，求子者双手合十，跪在地上自报家门，自许心愿。兴善会的一位帮会则用一根线香挑着锁，往神马上的娃娃像粘挂。如果求子者心诚，送子观音也感知到了，镍币下坠的环形的锁就会粘连在神马上，不会掉下。

见我看得如此认真，茶棚中的一位大娘热情地对我说："怎么样？你也来拴一个，保你将来得儿子。"在我说我还没结婚时，大娘似乎有些不信，说："没关系，得了儿子后再来还愿，灵得很啦。"我捉襟见肘地仓促应对道："真神奇，这个锁怎么就能粘上了？"

当多少有些重量的锁克服本身的重力挂在神马上的那一瞬间，我确实惊讶无比。以至于庙会期间每天都会在兴善会茶棚驻足一阵。九龙口不时刮起的旋风也没有把尚未取下带走的锁从神马上吹下来。如同梨乡庙会现场常见的神马，兴善会茶棚里的送子观音神马也是布画像，表面也并不粗糙。在

母亲替出嫁数年尚未生育的女儿求子。

众人的注视下，帮会有条不紊、慢条斯理地操演着仪式，没有魔术师的障眼法与手脚。那么究竟是什么原因，在生育知识已经广为普及的当下，人们还会来求子，真诚并充满焦虑与期待地跪在神马前？为什么求子时用的是细线穿着一枚钱币的锁？为什么锁粘在了神马上后，就意味着能成功得子？为什么每天求子还大愿的人都络绎不绝？难道这一切仅仅是苏娘她们说的"灵得很""心诚则灵"?

诚如众多民俗书籍描述的还在实践的压枝（押子）、偷灯、摸门钉等求子仪式一样，这些理性的问题没有答案，只能存疑。如果这些仪式活动也算迷信，是 2000 年毁掉九龙口铁佛寺大小庙宇的原因之一，那么现在不少媒体张扬的南阳的太昊陵庙会、涉县的女娲庙会以及其他各地的"人祖庙会"中的求子又当何论？如影随形、挥之不去、欲说还休也让人头昏脑涨的"迷信"究竟该如何界定？

其实，这种表述的困惑和两难并非中国独有。正如罗伯特·乔治和欧文·琼斯引用爱德华·泰勒（Edward Burnett Tylor）在其《原始文化》中的原文所指出的那样：一百多年前的泰勒本想用 superstition（即汉语的"迷信"）一词来指代 survival（"遗留物"），但在当时的欧洲，人们对 superstition 的使用就已暗含了一种非难。因此，泰勒不得不使用 survival 这个词来表达正在被滥用的 superstition 一词所表示的历史事实。①

# 响棚与游棚

由于交通的便捷，除茶棚会的部分成员和个别远村特别年老的人之外，今天很少有人住棚。这样，现今茶棚的寝殿一般都搭建得比较小，而神殿则尽可能地大。为了有更充分的准备，远的茶棚会一般在四月初六就动身前往铁佛寺，在自己的旧址上搭棚。运送茶棚会器物的常是茶棚会成员家的拖拉机，或临时租用的车。无论远近，在四月初七下午都要赶着将棚搭建好。搭建好的茶棚，还要举行开光、挂神牌、开门、安炉、点灯、燃香、上茶、上供、

---

① Robert A. Georges and Michael Owen Jones, *Folkloristics: An Introduction*, p.47, Bloomington and Indianapolis: Indiana University Press, 1995.

请神、安神等一系列仪式，将茶棚圣化，使其真正成为一个神圣空间。

这一系列仪式又叫"响棚"。其中，开门、请神、安神是必备的仪式。开光只是对当年茶棚中新增加的神马举行。不同的茶棚，响棚唱诵的"佛"有着差异。2002年四月初七早上，大夫庄老茶棚会"众善奉行"响棚的"开门佛"是：

> 西方路上善门开，见门见锁无人开，都是佛教真信子，为何不带钥匙来。上开青天乌云挡，下开地狱十八层。开东八仙来上寿，开西唐僧来取经。开南菩萨佛三像，开北药王和药圣。四面八方都开完，开到佛家爷面前。双手推开门两扇，千佛万祖在上面。这张桌子四方方，四条腿来八金刚。上边敬的铁佛祖，炉里烧的活命香。一路真香一路扬，又敬佛来又敬天。敬得老天心欢喜，保佑咱合会得平安。

每个茶棚同样有比较固定往来的庙会组织。这些前来上香的庙会组织在走完所有的茶棚后，径直到与自己相好的茶棚中休息、就餐。当这些庙会组织在自己村举行庙会时，该茶棚会也会礼尚往来地前去参加。

虽然这些茶棚会各自为政，各自都供奉不同的神灵，但就是它们在四月初八到十二这五天同时在铁佛寺出现，并带动跟自己往来密切的远近庙会组织才共同构成了铁佛寺庙会。因此，铁佛寺庙会的规模确实要比当下声名显赫的龙牌会大得多。可是，也由于这些茶棚会的分割，各自"小农经济式"的小本经营、各自为政的"独联体式"的政治结构最终使得铁佛寺庙会始终没有超大规模的发展，走上拓疆扩土、大发展大繁荣的"资本主义托拉斯式"的坦途。

铁佛寺的茶棚会虽然存在一定的封闭性，有的茶棚会之间也存在隔阂，但这并没有阻止或妨碍茶棚之间的相互交流、沟通，只不过亲疏程度不同而已。"游棚"是茶棚之间相互认同的体现。在初七到初九，不要说没有矛盾的茶棚之间，就是有宿怨或新恨的茶棚之间，都要按照旧有的规矩，必须游棚。当然，每个茶棚游棚的时间、先后顺序不尽相同。除秀才营东会、西会，

游
棚

响
棚

午饭前，茶
棚会祭灶。

薄雾中准备出
发的茶棚会

以庙会主人的身份在四月初七下午就在茶棚区按顺时针方向拜所有的茶棚外，其他茶棚会在游棚时都有亲疏远近之分和时间长短之别。2002年庙会期间，秀才营东会游棚是在初七下午两点五十开始，在三点半左右结束。

游棚队伍的组成与前往他村赶庙会的队伍组成相同，都是在一个会首的带领下，人数常在十人左右。会首走在游棚队伍最前面，手捧或提装有黄表纸的簸箕、篮子，随后是该茶棚的会旗，由铛、钵、镲、鼓等组成的乐队。到一个茶棚时，游棚者径直走进所游茶棚的主殿，会首率先跪在该茶棚会主祀神的神案前，将装有黄表纸的簸箕、篮子高举过头顶，被游茶棚会的会首就从这个簸箕或篮子中拿出几张黄表纸，将其点燃，然后把自己神案上的黄表纸拿几张放回跪着的前来游棚的会首的簸箕或篮子中。在双方乐队的伴奏下，游棚者高诵"阿弥陀佛""陀佛"等佛号。待黄表纸燃得差不多时，所有游棚者都跪下磕头，然后出棚。关系较亲近的茶棚，在游棚时，.烧过、交换过黄表纸后，游棚者一般会唱诵比较长时间的佛。

通过黄表纸的交换、传递、燃烧，一个茶棚的神圣、灵验、香火等也就多次在各个茶棚之间游动，没有了寺庙的铁佛寺庙会也就打破了帆布覆盖的茶棚的物理界限，而再度成为一个没有世俗间隔的一体的神圣空间。

在香客很少的下午和晚上，关系比较亲近的茶棚之间，人们互相串棚念佛、演练经舞，其乐融融。规模不大、没有装设电灯的茶棚会中的人通常会到比较大的茶棚会"串门"。当然，也有人虔诚地在神案前念佛。这些活动常持续到凌晨。铁佛寺庙会期间的夜晚，在九龙口除了这些茶棚、大饭棚和戏班的人之外，没有其他人。与白天的熙熙攘攘、喧哗、拥挤相比，在稀疏的星星和新月惨淡经营下的铁佛寺，冷清而萧条。正是不时从这个或者那个茶棚中传出的念佛声、鼓乐声，使铁佛寺颇有生气，也使我这个远来的陌生人不觉寂寥。与戏班老板及演员在夜幕下的闲聊，使我平添了一种流浪的感觉。深夜，悄悄地给我拽被子的大娘则又让我觉得是回到了故乡，而不是在这凄清和神秘的北国旷野。

# "野台子戏"与庙市

梨区较大的庙会都保留着唱戏的传统。这与当地的中老年人保留了看戏的习惯有关。报纸、电影、录像、电视、VCD、DVD 等现代传媒、视听工具虽然在梨区已经不是陌生事物，但 1949 年之前出生的长者仍喜欢面对面地观看、聆听他们熟悉的民间艺人唱的坠子、梆子、丝弦、秧歌等"野台子戏"。一个大的庙会，要是没有戏的话，主办方就很有些丢脸的感觉。因此，2003 年，龙牌会在经济极度紧张的情况下，也硬撑着请了戏班。在梨区，唱庙戏的戏班都是民间业余戏班，即通常所谓的"草台班"。在简陋而艰苦的演出条件下，这些戏班仍留存了一些旧俗。当然，如今这些草台班更喜欢自称"剧团"。在庙会唱戏，戏班开戏前必须先迎神。

2002 年，在铁佛寺庙会唱戏的是赵县青年坠子剧团。该剧团 30 多人，主要成员是赵县杨村的人。该团仅一人曾在职业剧团唱过戏，其余都是业余演员。农闲时，戏班四处赶会唱戏，农忙时，演员则各自在家劳动。该戏班一直都带着行业神——"大师兄"——一个开过光的塑料洋娃娃。在剧团的人告诉我这是大师兄之前，我一直误以为是哪个女演员的玩偶。在开箱化妆前，演员们要先将大师兄供起来，并有一定的祭拜仪式。

2002 年 5 月 18 日，农历四月初七下午，该剧团来到铁佛寺。初八上午七点五十，演员们开始迎神，八点十分结束。迎神是在庙会负责接待戏班的专人带领下进行的。在铁佛寺那些原有殿的遗址上残存的神像前，三位演员先并排高声念诵"阿弥陀佛"；然后整冠掸尘、鞠躬；再唱诵"王子去求仙，坦诚如九天，洞中方几日，世上几千年"等迎神诗；此后，演员们再跪下三拜，口中念念有词，大意是祈求神灵保佑唱戏平安，保佑一方平安以及国泰民安等；最后，演员们站起来再呼号"阿弥陀佛"。戏班的迎神仪式似乎太过简单，在每一处简陋的殿宇神像前都有老人不满地问："怎么这么快就完了？也不唱几句？"

迎完神之后，戏班的戏就由喜欢看戏的人们享用了。戏台在茶棚东边靠

戏班迎神

北，其所在地正好是整个庙会区域的中心。由于人们一般不在这里过夜，所以铁佛寺唱戏的时间是白天。每场戏的名字写在小黑板上，挂在戏台前台西侧。唱戏时，戏台下的土脊上早就坐满了观众。后来者就站着观看，有的站立在自己的拖拉机、自行车上，还有的就远远地坐在西南侧的废墟上。年轻人一般远远地站一会儿就走开了。烈日和不时刮起的风并没有影响那些年长者看戏，直到散场，戏台下面的人一直都是满满的。

在商业网络还不细密的时候，铁佛寺庙会确实起到了弥补梨区乡村市场之不足的作用。①尽管今天，附近村落差不多都有自己的集市、商店，买卖物品也方便，但四面八方前来摆摊设点的商贩，仍然构成了铁佛寺庙会一道亮丽的风景。铁佛寺庙会的商业区在戏台东边。2002年庙会期间，初八到初十的商业区的摊位每天大约都在1200个左右，但买卖的物品则发生了根本变化。与1949年之前相较，现今铁佛寺庙会买卖的不是梨和梨区的其他农副产品，而主要是锅碗瓢盆、衣物等轻工业产品。

作为一个屡禁不止的乡野庙会，铁佛寺庙会吸引的不仅是信仰神灵的人，喜欢看戏的人和需要购买商品的人也都纷纷前往。对周围村子前来赶会的人

---

① 在明清时期，华北的乡野庙会常常起到了弥补华北乡村市场不足的作用。参看赵世瑜，《狂欢与日常——明清以来的庙会与民间社会》，第187—230页，北京：生活·读书·新知三联书店，2002。

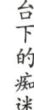

来说，有相当一部分人也既不是为行好也不是来买东西，而就是在这个时日，在这个特定的场合来找乐。

## 找乐的闲人

庙会期间，在商业摊位东部边缘一直有象棋摊和掷色子、推牌九等摊位。

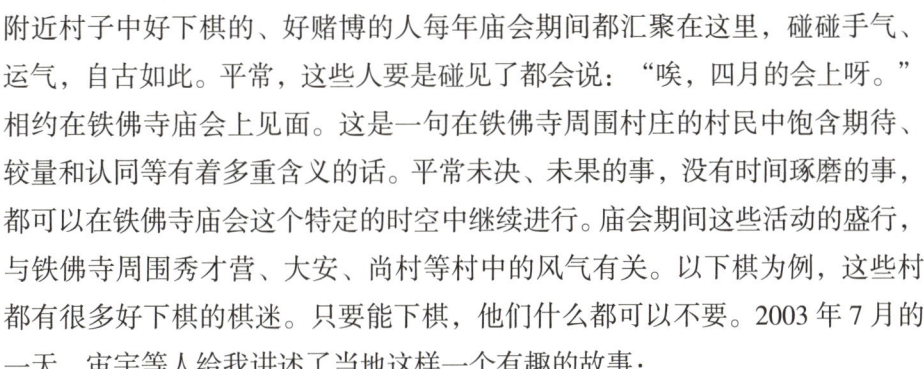

「大多了」的
铁佛寺庙会

附近村子中好下棋的、好赌博的人每年庙会期间都汇聚在这里，碰碰手气、运气，自古如此。平常，这些人要是碰见了都会说："唉，四月的会上呀。"相约在铁佛寺庙会上见面。这是一句在铁佛寺周围村庄的村民中饱含期待、较量和认同等有着多重含义的话。平常未决、未果的事，没有时间琢磨的事，都可以在铁佛寺庙会这个特定的时空中继续进行。庙会期间这些活动的盛行，与铁佛寺周围秀才营、大安、尚村等村中的风气有关。以下棋为例，这些村都有很多好下棋的棋迷。只要能下棋，他们什么都可以不要。2003 年 7 月的一天，宙宇等人给我讲述了当地这样一个有趣的故事：

　　民国时期，秀才营的一对父子都非常喜欢下棋。有一次，父子俩去地里用驴套水车，结果到了地里才发现没有带"驴疙瘩"（往驴脖子上套的一个物件）。没有这东西，活就没法干了。父亲就叫他儿子："去，回去把驴疙瘩拿来。"父亲一直在地里等，都快到晌午了还不见儿子拿来。父亲等不住了，就把驴拴在树上，进村找儿子去。结果还没进村，就看见儿子在下象棋，原来儿子根本就没有回家，下象棋下迷了。父亲的火气一下就上来了："叫你回家拿驴疙瘩套水车去呢，你还在这儿下象棋呀？我要叫你……"父亲举起了拳头就要打儿子。儿子连看也没看他爸一眼，说："báo（别）来，báo（别）来！马踩着车啦。"他父亲的手顿时放下了，说："等我来给你看看，是怎么回事？"于是，两人一块下起棋来。

由于四月初八到十二的庙会正好还不是地中活真正忙的时候，人们也就有这个闲工夫，当地好下棋的人一定要在庙会期间到寺里去下，要在寺里见。输了，就买包瓜子，双方一边嗑瓜子一边再接着下。这是铁佛寺庙会期间常能见到的景象。

庙会期间一直就有的其他娱乐活动同样也吸引了大量的人。与虔诚的老者不同，这些人更喜欢通过自己的实际努力试试运气。掷色子、推牌九是梨区常见的娱乐方式。由于庙会人多，好多人也就不会放弃这个机会。另外，还有一部分闲人就是在各种场所四处游荡。这与鲁迅早年的观察不谋而合：与妇孺、士子相较，"游手好闲的闲人""才跑到庙前或衙门前去看热闹"。[1]当然，其中不乏看姑娘和小媳妇的，也不乏酒后滋事打架的。所以，现今庙会期间，秀才营组织了十多个戴着袖标的年轻人，四处巡逻，制止打架。但人们常说："这不管用，要打架的还是要打。"看来，打架和制止打架都是迪尔凯姆所谓的具有强制力的"社会事实"（social fact）。[2]

---

①鲁迅《鲁迅全集·第二卷》，第269—270页，北京：人民文学出版社，2005。

②[法]迪尔凯姆（Émile Durkheim），《社会学方法的准则》（*Les Règles de la Méthode sociologique*），狄玉明译，北京：商务印书馆，1999。

经常前来参加庙会的梨区人和长年在附近村庄生活的人都知晓这些借铁佛寺庙会这个特定场域，继续挥洒自己的性情与运气的"闲人"，也默认他们的所作所为。老人们常说："其实，这些以前都有，一直都有。"这些并非庙会的陋习。因为对任何人来说，生命的弦并不是每天都绷得紧紧的。"闲暇"不仅是"文化的基础"，还是生命的本义，"是人性，且超越人性"，我们"闲不下来，为的就是能悠闲"。[①]

与行好的一样，形形色色的"找乐"仅仅是家庭、村落日常生活中的各色人等将自己的生活延续，或者说挪移到了庙会，并成为铁佛寺庙会惯有的表征。在这种意义上，与其说乡野庙会是常与非常的对立、狂欢与日常的对立、神圣与世俗的对立，还不如说是一般老百姓日常生活的一部分，是延伸与累积，也是人们的一种生活方式、心灵图景与心性。

在铁佛寺过会期间，秀才营的学校也放假。对于进行现代科学、理性教育的学校而言，这是不得已的。即使不放假，学校也不会有人来上课，孩子们都会去庙上。就是被关在教室里，也心不在焉。正如村民白色告诉我的："自古以来，寺上过会时，村子中没有人不去的。你没办法。"在庙会期间，这些孩子四处转悠。就像今天的多数老人对庙会的记忆来源于其儿时的经历一样，今天的庙会也通过大大小小的孩子好奇的双眼，留下了印记。

2002 年 5 月 23 日，农历四月十二下午四点，九龙口又恢复原状，断壁残垣，一片狼藉。只有火热的太阳和烫脚的沙土，尚未燃尽的大小元宝与香灰随着不时刮过的北风漫空飞舞。就在风起之时，一位老人兴奋地对我说："刮北风是好事，这说明神灵们都到小南海去了。四月十八就是小南海的娘娘庙会了。"

就在我也打算离去时，南方的天空出现了一道绚丽的彩虹。面对这道绚

---

① [德] 皮珀（Josef Pieper），《闲暇：文化的基础》（*Leisure: The Basis of Culture*），刘森尧译，第 1—75 页，北京：新星出版社，2005。

丽多姿的彩虹，我猛然想起了当地流行的"东虹云生西虹雨，南虹出来卖儿女"这句谚语。如果苍天真的有眼，也有信众所相信的灵验的话，那么这又是老天怎样的昭示呢？

茶棚会送神

举头三尺有神明

# 6

# 刘秀走国与娘娘庙会

## 亲切的大队

2002年7月7日到12日，即从铁佛寺庙会回来后不到两个月，我又游走在梨区常信二大队农历五月二十九的水祠娘娘庙会现场。"水祠娘娘"有点半学名性质，绝大多数村民是直接以"娘娘"称之。当年，一同前往调查的还有当年在北京大学任教的赵旭东博士，学弟华智亚和姜炳国等。在铁佛寺，我就听说这个娘娘庙会是一个因当地姑娘救过汉光武帝刘秀，因此经过"皇封"的历史悠久的庙会。

在同样简陋的神棚前，三年前在龙牌会上见过的和五十多天前在铁佛寺庙会见到的敲锣打鼓、焚香叩首的很多熟悉的面孔，又一一在这里出现。我暗自嘀咕：看来，他们是每个庙会都赶，是大家相互捧场，这不是一个有意义的你来我往的"庙会市场"吗？但是，这些老人的困惑和坦率远胜于我，一位和善的老人，径直走到我面前，说："你也专门赶会？"

常信在梨区的西北部，距离范庄约八里地，历史悠久。据传，常信原先叫"长村"，规模很大，东西有十里长，因而又叫"十里长村"。明朝初年，兵荒水灾毁坏了村子的大部分，初步分割形成了现在的常信、常信营和林子三个村。由于人口众多，常信现在分成了两个村。老百姓仍习惯于20世纪80年代前大集体时的叫法，都说"大队"。这让人有种回到热热闹闹的20世纪70年代的感觉。

不知是我老家的乡亲们记性不好，还是有意忘却。今天，不要说年轻人，故乡的长者已经都不怎么说"大队""生产队"等辞令了。因此，当我在常信听见人们口口声声说"大队"时，眼前浮现的是儿时老家的一幕幕场景。

在公粮上交后的某个黄昏，生产队的干部们在晒坝上给各家各户分"口粮"。为秤称得旺与不旺①，人们常常争得面红耳赤，偶尔还有大打出手者。与大人们因粮食的多少而长吁短叹、愁容满面或恼羞成怒不同，因为人多，孩子们总是欢喜雀跃、互相追逐、打闹嬉戏。

同样，一年中总有那么一天的晚上，在灰暗的桐油灯下，生产队的会计大声向全队人公布各家的工分。夹杂老少爷们低沉的骂娘的声音和婴幼儿的啼哭声，会计高声地念诵各家户与生产队之间的盈亏情况。与晒坝上分粮的闹腾相较，此时人们虽然也交头接耳、窃窃私语，但要安静许多。老爷们通常是大口大口地吞噬呛人的旱烟，吞云吐雾，妇女们是有条不紊地纳鞋底，认认真真。最后，怒发冲冠的当然是欠生产队钱粮的"倒找户"。忙活一年，倒找户不但颗粒无收，还得给集体找补，继续举债度日。

虽然在20世纪70年代，我有着吃干红薯叶和饥饿的经历，但或者是儿时不长心眼的欢腾、热闹，当在常信我听见人们说"大队""生产队"时，仍感觉格外亲切。

---

① 即秤杆向上翘得高不高。

# 娘娘庙址

与对"娘娘"的称谓相对应，常信二大队的人们习惯叫水祠娘娘庙会为"娘娘庙会"。以前，长村的多数人都信仰这位娘娘。因此，在今天，常信一大队、二大队，还有近在咫尺的林子村，在农历五月二十九的时候，人们都各自在自己村过自己的娘娘庙会，并极力邀请他村人前往。

二大队占据了常信靠东的三条街，有三千多人，十多个姓氏。其中，贾姓是大姓，约占据了二大队总人口的三分之二。根据现存的贾姓族谱，贾姓原籍山西太原府忻州定襄县大冠村，大明永乐年间迁于赵县常信。到如今，二大队的贾姓至少已经有二十辈人。作为二大队最大的姓，贾氏过去的祠堂在"文化大革命"中被毁，其所在位置是现在二大队村委所在地。这里，无论是昔日以祠堂面目出现，还是今天的村委所在地，始终是二大队的地理和政治中心。作为二大队的主体，贾姓在娘娘庙会中也发挥着主体作用。

与梨区过去的其他村庄一样，昔日的常信也有很多庙宇。根据赵老全（1918年出生）、张生伦（1912年出生）等老人的回忆，除了水祠娘娘庙，过去常信村东有真武庙，村东南有三官庙，村南有五道庙，村西有老母庙，村西北有周家庙、姜师父庙。这些庙宇建筑规模很小，仅有一间小屋，多数都在"文化大革命"时被毁。其中，姜师父庙供奉的是谁，不得而知。姜师父庙前些年也曾赶会，娘娘庙会近几年重新兴旺后，它就不过会了，但姜师父庙的庙会组织仍然保留，并经常前往他村参加庙会。

随着岁月的消逝，娘娘庙的庙址发生了三次变化。根据今天还在村民中讲述的传说，最早的娘娘庙是在汉代建的昭济圣后祠。传闻娘娘曾救过汉光武帝刘秀的命，因此该祠是奉旨修建的。祠与娘娘打井水救刘秀的神井都在林子村，在常信西南约三公里处。如今，古老的井、祠都早已无迹可寻。

20世纪70年代，村民们在二大队村西约一里地的梨树地中重修了外观似民房的小庙。该庙只有两间砖砌的坐北朝南的平房，靠西的是水祠娘娘殿，

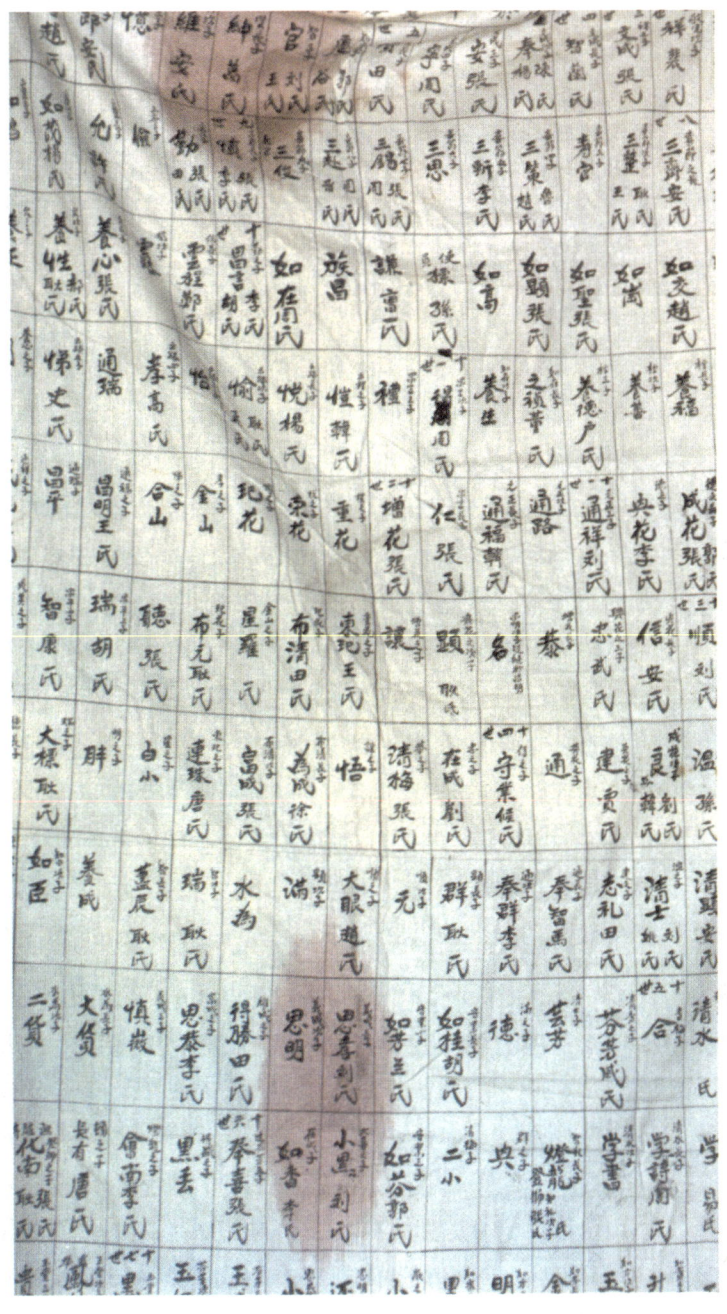

泥胎塑像两侧有金童玉女，前有一口被石板盖上的已干枯的井。据说，前些年井中有水时，有缘和心诚的人能从井水中看见水祠娘娘的面容。靠东的是张爷殿，但村民并不知张爷是哪位神仙，有何传说故事。

庙前西南侧有一个约二尺高的砖砌的蚂蚱（蝗虫）庙，坐西朝东。庙正前方有南海观音庙，与蚂蚱庙同样低矮，坐南朝北。在庙前的空地上有一块石制供桌的残块，从隐约的字迹可知此供桌是嘉靖二十六年（1547）一位善人还愿的物品。由此可知，娘娘庙会的历史确实不短。由于今天这里梨树环绕，空地几近于无，所以近几年的庙会是在村子东西大道和南北大道交叉的十字路口搭棚举行。搭棚处是庙所在的第三个地方，在它北边不到30米就是以前的贾氏祠堂，现在的村委所在地。

近年，与铁佛寺庙会搭建的茶棚和龙牌会前几年搭建的龙棚一样，娘娘庙会的神棚搭建日趋繁复，基本也是对庙宇的"复写"。2002年，娘娘庙会的神棚坐南朝北，呈长方形，南北长，东西短，从北到南分四进。神棚的大门横额是根据娘娘事迹写的"积德造福"四个字。显然，这四个字蕴含了村民对什么是德，什么是福，以及福与德之间关系的理解和思考。一进主祀水

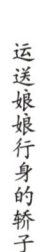

运送娘娘行身的轿子

娘娘行身

村西梨树
地的水祠
娘娘庙

娘娘与神井

庙前的残碑

2002 年过会搭
建的神棚

举头三尺有神明

祠娘娘。在神棚搭建好后，人们就先把放在村西梨树地庙中娘娘的行身迎请到这里，庙会完之后再送回去。二进主祀南海老母和送子老母，三进主祀张爷和玉皇大帝，四进主祀释迦牟尼、全神和未来佛。整个神棚中共计有107幅神马，当地人所知晓的儒、释、道和地方性神祇差不多都在其中。

庙会期间搭建的神棚比村西的庙宇大了很多。因为赶会的人特别多，所以在棚门口，庙委会专门设置了一个长约两米的低矮供桌，供前来上香的庙会组织在此遥对水祠娘娘上香、念佛、上供，从而减少神棚内的拥挤程度。

# 裙带系瓦罐

关于娘娘庙会的起源，我在二大队听到了，也看到了这样的传说：

西汉末年王莽篡位，天下大乱，刘秀起兵，来河北一带联合各地兵马反对王莽。但王莽势力太大，刘秀常常被追赶得走投无路。有一天，刘秀单枪匹马又被王莽兵追赶，行至常信村西，人困马乏又饥又渴，倒在路旁，恰遇常信贾玉浦的女儿贾亚茹提着饭篮、饭罐到田间给兄嫂送饭。她见落马之人昏迷不醒，一定是饥渴所致。贾亚茹救人心切，不顾当时男女授受不亲的礼教，唤醒刘秀，让他把饭都吃了。但刘秀仍觉不饱，再说马也要饮水。亚茹姑娘丢掉一切顾忌，解下自己的裙带，系住饭罐到路旁的水井里打上水来，让刘秀和马都吃饱喝足。刘秀要姑娘留下姓名，以后好报答救命之恩。亚茹姑娘见刘秀有了精神，没有了危险，急忙提着空篮、空罐走了。贾亚茹没能把饭送到地里，兄嫂追问，她又不好意思将实情说明，惹得兄嫂很是生气。后来，亚茹将实情说明，兄嫂非常生气，马上说与母亲，并夹杂了很难听的言语。很快，亚茹在田野路旁遇一陌生军人的事就传了出去，并且夹杂了不好听的风言风语。贾亚茹不堪家母兄嫂的严厉责备及流言蜚语，便于五月二十九那天，跑到为刘秀打水的井台上大哭一场，然后投井自尽了。

后来，刘秀登基做了皇帝，想要报答村姑的救命之恩，便派大将耿纯回乡寻找这位村姑。耿纯与常信贾玉浦是邻村友好，遂向贾玉浦打探。玉浦便将自己的女儿贾亚茹如何救刘秀，如何投井的事告诉了耿纯。耿纯回朝将事情原委奏明圣上，刘秀对亚茹姑娘为救自己而蒙受不白之冤深表哀痛和惋惜。遂颁旨封贾亚茹为"昭济圣后"，并命耿纯奉旨回乡，传旨地方官员增助皇粮300石，占地100亩，修建"昭济圣后祠"永久纪念。乡亲们明白了真情实况，都被亚茹姑娘的行为所深深感动，就在亚茹自尽的那口井上建起了祠庙，将井建在庙内并为亚茹塑了金身，日夜香火敬奉。因为贾亚茹从井里提水救了当今皇上，而亚茹又投此井归天，众乡亲认为这是一口神井。每遇天旱，百姓们就到庙内井前祷告祈雨，特别灵验。天长日久，人们就尊称这位"昭济圣后"为"水祠娘娘"了。而且在每年五月二十九贾亚茹祭日这一天，远近百姓都纷纷来庙内上香祭奠，逐渐形成了每年例行的庙会。

上述这个传说已经经过赵县一位文化人张老师的整理，因此语意连贯，逻辑性强，也有了些文绉绉的味道，"男女授受不亲"的儒家伦理洋溢字里行间。但这个故事在二大队流传很广，并不是空穴来风，只不过村民们讲得要零散些，但基本意思一样：娘娘是本村人，是他们的老祖宗；她救了刘秀的命，后来因家人误解，投井而死；登基的刘秀为报答昔日村姑的救命之恩，封其为"昭济圣后"，并建祠纪念。

由于张老师是"文化人"，在当地乃至赵县都有较高的威望，他整理的这个传说也就被当地村民，尤其是行好的奉为范本。与龙牌会一样，2002年娘娘庙会期间，庙委会也将这个解释庙会源起的传说写在了展板上，竖立在神棚门口。神棚的一进，即主殿，还有根据上述传说绘制的12幅神马，以连环画的形式，动态地向村民和前来赶会的人展现"老祖宗"贾亚茹的事迹。同时，庙委会还印行了许多传单，向村民和前来的香客发放。这样，这个"规范"的传说在当地正日益占据主导地位，并已经在某种意义上成了权威的表述。

　　　　　　举头三尺有神明

具像化的娘娘

（图三）

俊俏的刘秀

（图二）
刘秀在巨鹿郡（今邢台境）遭王郎人马
追杀被了起来，用刘秀军棺巨马羸不敢
宿，被王郎兵时，刘秀低着急而逃。

娘娘这个神正在从缥缈的空中一步步走到梨区大地上。

如同早早就发生在伏羲、女娲、尧、舜、禹等神话传说中的人物被历史化、实名制一样，结合相应的仪式，娘娘在当下的生活中被历史化、具体化。有了具体名姓的娘娘贾亚茹，从遥远的汉代步履轻盈地进入到今天常信人的日常生活中，由神而人，神如人，神亦人。

在神棚门口，首先映入我眼帘的也就是这个传说。可是，在后来的调查中，人们给我讲述的娘娘灵验的传说则多与求雨有关。

# 腾云致雨水泗娘

张生伦、赵老全等老人都讲，这一带的村子，以往基本都是沙地，经常闹旱灾。包括胡村、小南海的人在内，远近村子的人都曾经在娘娘庙会期间来此取水求雨。取水时，是用瓦罐或瓶子从井中提出水，顶在头上一直往自己村子走，不能回头。下雨之后，求雨的人再用瓦罐或瓶子顶着水送回来。从神井中取水时，要先给娘娘烧香、跪求，经常是瓦罐或瓶子还没有到井底时就有水了。如果取得满罐或满瓶水就下大雨，如果取得半罐或半瓶水就下小雨，如果没有取得水就不下雨。

张生伦老人依旧清楚地记得，1928年前后，娘娘特别灵验，那时的香火也非常旺盛。干旱的韩村到五月二十七都还没有下雨，来此取水求雨后便下了大雨。同时，尽管现在村西梨树地庙中的井已枯竭，但人们还是在津津乐道地讲述喝了井中的水就能治病的故事。

据说，近些年每年庙会前后，水祠娘娘都会显灵下雨。2002年7月7日（农历五月二十七），我们刚到村子时，人们就告诉我们，常信一直到二十四都在下雨，怕影响庙会，庙委会祈求娘娘暂停下雨。在烧香祷告后，二十五雨就停了。确实，我们进村时，街道上还有一摊摊积水。我们到村子时已经快下午四点，天气出奇地热，远远地就听见了唱戏的声音，神棚前有不少人进出。南北的主街道两侧挂满了用不同颜色的纸写成的标语，如"欢迎各级领导光临指导""弘扬水祠娘娘美德精神世代相传"等。我并不知究竟会有多少领导要来，但像我们这样从京城来的人，明显都是被视为领导接待的，因为我们也被人们簇拥着进了这几天属于庙委会使用的村委办公室。村委的高音喇叭同样归庙委会使用。在烈日的映衬下，村子的节日氛围更为浓烈。

从这些新旧与雨水相关的故事传说，我在琢磨，是否这个庙会的娘娘实际上就是一位能带来雨水的神灵，而刘秀只不过是传说的一个配角和衬托娘

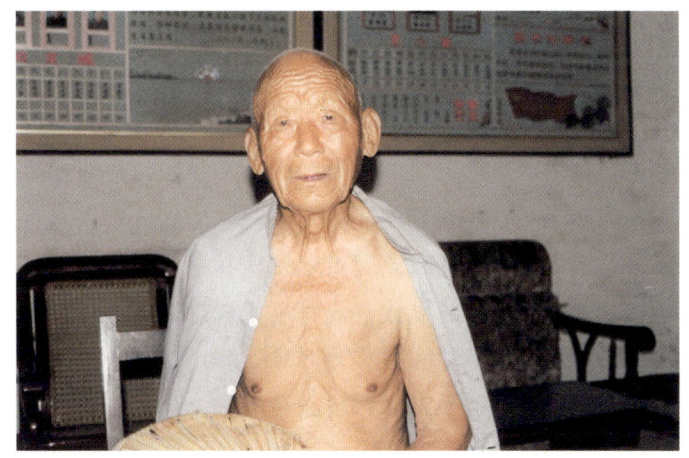

生伦老伯

娘并给娘娘正名的道具、符码？这个疑问，一直存留在我的脑海，并一直试图寻求新的答案。果然，在后来的田野中，我发现了一些证据。2003年3月，当再回梨区调查时，我发现了一册落款为"万善同归／自积堂新开／中华民国十四年五月初四日吉立／讲道德拙笔"的手抄本《娘娘经》。这则《娘娘经》与《张爷经》同抄一册。

　　经文中的娘娘就是一位能调"四海龙兵"、腾云致雨、普降甘露的娘娘。当然，与前文提及的三皇姑一样，虽非童贞女，她一样受尽磨难。只不过她受的磨难来自公婆。即，在这部《娘娘经》中，中国民间故事中惯有的婆婆虐待媳妇的母题、恶婆贤媳的形象均掺杂其中。我一字不变地照原样抄录了《娘娘经》：

　　娘娘泪连连（涟涟），在家事事难，婆母常拷打，井中样（养）神仙。
　　圣娘娘，父母生，独自一个。上无兄，下无妹，独自一名。
　　富里生，富里长，荣华富贵。有父母，早回头，没人招用。

在家中，受婆母，常常拷打。她把我，送在了，冷房一中。

连担水，去做饭，夜晚推磨。在磨房，受辛苦，无人心疼。

清晨起，去担水，井台一上。摆下筲，放担杖，拿起井绳。

急慌忙，打上来，两筲好水。有一个，牵马的，来到井中（旁）。

这匹马，来喝水，细喝细饮。清晨起，只喝到，早饭上工。

这匹马，不喝水，牵马就走。有娘娘，在井台，落下泪痕。

无奈何，担上水，回家就走。走得急，来得快，来到门庭。

看大门，好比住，阎罗宝殿。婆母娘，好比住，十帝阎君。

饮马的，好比住，钩命的鬼。有娘娘，好比住，屈死冤魂。

进夫门，心里焦，眼中落泪。并无有，劝架的，来到门庭。

婆母娘，在上房，怒气冲冲。他把我，又吓得，打战心惊。

你看那，婆母娘，狠也不狠。手使着，皮鞭子，下了绝情。

皮鞭子，不知道，打了多少。直打得，浑身上，净是伤痕。

打得我，受不过，跳井一死。婆母娘，怒气冲，又把井棚。

在井中，直养了，二百余载。这才就，养成了，一座神灵。

有娘娘，在井中，修真（身）养性。坐不安，立不稳，不得安宁。

手掐着，中指算，全无别事。那王莽，赶刘秀，来到边廷。

我今日，就该去，上前搭救。二来是，去上天，且去讨封。

有娘娘，出井中，腾云驾雾。等时间，又来到，半悬空中。

在空中，用目观，四面观看。又看见，东北上，雾气腾腾。

东北上，真来了，可是那个。那王莽，赶刘秀，来的是凶。

那刘秀，在前边，慌忙逃跑。在后边，赶的是，王莽的兵。

直赶得，上天去，无有去路。又赶得，入地去，无有门庭。

眼睁睁，我的主，眼看落马。有娘娘，在空中，大显神通。

着西北，吹法气，黄风刮起。那黄风，刮三阵，救了主公。

饥又饥，渴又渴，不能行走。马蹄子，踩出来，一个水坑。

有这马，见了水，低头就饮。喝了水，逛逛饮，再如生龙。

　　　　　举头三尺有神明

有刘秀，见这事，下了战马。急慌忙，又来到，这个水坑。
用手捧，喝三气，真来是好。又不饥，又不渴，更觉松荣。
这坑水，本不是，凡间之水。不知道，哪座神，搭救主公。
有娘娘，在空中，就把恩谢。又谢拜，我的主，才把我封。
你既言，封过我，就该修庙。你既言，封过我，修上庙宫。
我问你，是哪个，对我明讲。你对我，从头讲，细说分明。
我本是，民间女，死的甚苦，我的主，你听我，细说分明。
在家下，受婆母，常常拷打。打得我，受不过，死在井中。
在井中，直养了，二百余载。这才是，养成了，一座神灵。
我的主，身遭难，慌忙搭救。急慌忙，来到这，搭救主公。
我的主，在前边，慌忙逃跑。在后边，赶的是，王莽的兵。
直赶得，上天去，无有去路。又赶得，入地去，无有门庭。
眼睁睁，我的主，眼看落马。有奴家，在空中，大显神通。
着西北，吹法气，黄风刮起。那黄风，刮三阵，救了主公。
饥又饥，渴又渴，不能行走。马蹄子，踩出来，一个水坑。
有这马，见了水，低头就饮。喝了水，逬逬饮，再如生龙。
我的主，见这事，下了战马。急慌忙，又来到，这个水坑。
用手捧，喝三气，真来是好。又不饥，又不渴，更觉松荣。
这坑水，本不是，凡间之水。并不知，是哪个，搭救主公。
我的主，过此地，四面观看。见我主，身遭难，真是苦清。
有奴家，见这事，上前搭救。将仙桃，共仙果，下在水中。
我的主，你用了，这坑好水。久以后，我保你，坐了朝廷。
叫一声，把门帅，往里传禀。你就是，水泗娘，来朝帝君。
把门帅，即听说，慌忙走进。有一个，水泗娘，来朝帝君。
玉皇爷，闻听说，忙传圣旨。有娘娘，又来到，龙霄殿中。
有娘娘，朝玉帝，四双八拜。又跪膝，跪在了，龙霄殿中。
玉皇爷，见娘娘，心中欢喜。玉皇爷，见娘娘，喜在心中。

我今天，赐与你，一支令箭。这令箭，你能吊，四海龙兵。
有娘娘，叩罢恩，谢恩就走。又谢拜，玉皇爷，才把我封。
有娘娘，下天宫，扶保幼主。他保的，那刘秀，坐了朝廷。
有刘秀，在金殿，心中暗想。又想起，那娘娘，救驾有功。
有为王，在金殿，忙传圣旨。发帑银，修庙宇，塑画金身。
修上庙，看好日，立下皇会。男的男，女的女，来把香焚。
一部娘娘经，诵读应虔诚。腾云能致雨，万民得安宁。

# 老祖宗村姑贾亚茹

实际上，这则抄在纸上而留存的经文，今天并不为二大队的人们所知晓。追根溯源，意在说明事实或历史真相的学术研究尽管在老百姓的生活面前是苍白的，却是必要的。正如今天的二大队人相信并渐渐顺从那位张老师整理的传说一样，二大队不同姓氏的人都参与到了娘娘庙会中，将传说中两千年前的汉代姑娘贾亚茹尊奉为自己的"老祖先"，要张扬、发扬老祖先积德行善、舍己救人、乐于助人的美德。面对被鼓声包裹，被香烟萦绕的俊俏女神，我又想起了范庄硕大的龙牌。

龙牌已经不是原先的龙牌，二大队的娘娘也已经不是原先手拿玉皇令箭，呼风唤雨的娘娘。这背后的逻辑是什么？文化规则是什么？显然，人们对神灵的重塑、再造并被多数人认同，都是为了在迷信与文化（或民间或传统）两难语境下寻求其合法的生存权利。这样，关于庙会的表述也就不得不屈从并依附于主流话语，并自觉地将其纳入现代民族国家这个国家的神话叙事美学之中。

在今天的现实中，神话传说似乎与仪式分道扬镳了。用语言表述的神话传说已经不再恰切地叙说仪式本身，而仅仅是仪式举办的工具。但众口一词，这些作为"一张皮"或脸谱、面具的神话传说仍与仪式一道，日渐成为乡野庙会的有机组成部分。

其实，这或者也不仅仅是今天才有的现象。不然，为何众多名不见经传的地方神灵，甚至行业神都被人们与帝王将相等主流文化认同的贤达名流联系了起来？究竟存在严格意义上的民间文化吗？官方文化和民间文化、雅文化与俗文化在日常生活世界中是怎样互相借用、侵蚀，从而互为主体性的？民间社会究竟是一种怎样的社会？存在不同学科的学者们所孜孜以求的民间社会吗？

娘娘庙委会的正、副会长都对我说，他们并不信神，而是把娘娘庙会的成功举办作为一件对乡亲、对村子有意义的事业在做。他们非常质朴地认为娘娘庙会是老祖宗传下来的东西，老祖宗积德行善这样的传统不能轻易丢掉。确实，二大队的男女老少几乎都参与到庙会的相关场景中。在二大队，娘娘庙会给了人们一份轻松、一份休闲，也给了人们一种认同和展示自己的机会，整个村庄因娘娘而动了起来。大街两旁贴满了表扬捧钱、捧粮者的红榜，红彤彤的，让人为这样团结、齐心的村庄而激动、震撼。

在神棚的一进，二大队的男女老少，外村来的庙会组织和香客，不论对作为神灵的娘娘的信奉程度怎样，都在指目被动态展示和具化的娘娘。在神棚前，你能深深地感觉到，无论对于谁，娘娘都是常信二大队的代名词、象征和标志。

在娘娘庙会现场，我深深地领悟到：在乡村传衍千百年的庙会不停地被人们再生产着。仪式实践可能还是以往的模式，但其实质一直都在根据不同时代所给予的生存空间发生着不同的变化。所有的这一切变化都是在自觉与不自觉、主动与被动、心甘情愿与无可奈何共同作用下完成的。在这里，对娘娘的敬畏感和神圣感，对娘娘的敬拜和重新叙说有效地规束着村民的言行。这可能远比讲台上、高音喇叭中、屏幕上的空洞说教更有效果，因为它就萦绕、弥漫、渗透在村民的日常生活之中，触手可及，侧耳可听，并且一年一度地循环、重演，以至于时间仿佛在这里凝固，并未线性地前行、延伸。

当我有机会与二大队的村委领导们坐在一起时，他们自豪地说：这个村从来都没有拖欠国家税收的，民风很好，上级下达的工作在这里很容易开展。这些显然与积德行善的老祖宗娘娘有关。

在乡土中国，如同二大队的这个汉代村姑，因为天时、地利、人和，良善的"处女"很容易成神。妈祖如此，三皇姑也如此。这是与伏羲、女娲等神话人物历史化、常人化反向的过程：由神而人变成了由人而神，神亦人变成了人亦神。在乡土宗教中，这两个逆向的过程始终并存，女神如此，男神亦如此。文昌与关公分别就是男神中由神而人和由人而神的典型。

在造神及膜拜过程中，大致存在下述四步：首先，位列仙班的神灵或超自然力被夯实，具化为人形，附会上人的秉性、美德，或者贤德的人被美化、神化、虚化。其次，为之画像、塑身、建庙以固化，使之可观可感，触手可及。再次，促生能被神上身附体进而为人、神代言的经纪人——香头，使之活灵活现。最终，众生在香火营造的神秘场域——庙会这个"社会剧场"中，仰望、膜拜、祈求。灵验的神得到称颂，香火更旺，不灵验的神被遗弃，新的神祇被催生。长时段观之，从先秦至上个世纪中叶，在京津一带的信众中，西王母、碧霞元君和王三奶奶大体就经历了这样的更替。①

在上述这个周而复始的环状结构中，人与神循环再生。人凭神，神依人；人亦神，神亦人。这即在乡土宗教中，与家庙让渡辩证法并驾齐驱、互动互为、相互借力的人神一体的辩证法。

---

① Xiaofei Kang, *The Cult of the Fox: Power, Gender, and Popular Religion in Late Imperial and Modern China*, p.141—147, New York: Columbia University Press, 2006.

# 庙会的正日子

娘娘庙会有强有力的组织机构——庙委会，其人员众多，计有一百来人，主要成员也有四十多人。与龙牌会相仿，它下设了神棚、戏台、伙房、接待、书画、治安、焰火、财会等部门。庙会总负责人称会长、副会长，核心成员叫会员，女性会员约占三分之一。在五月二十八庙会正式开始时，所有会员胸前都佩戴着写有"会员"二字的小红布条。女性会员主要在神棚伺候娘娘、接待外村来的庙会组织。娘娘庙会其他部门的负责人则基本都是男性会员。

搭棚者以男性会员为主。庙会开始前，村民会陆续地把自己要捐献的钱物交到庙会会计处登记，以便在庙会期间张红榜公布。价值20元以上的，都会单独写红榜公示。神马前所用的供品也由行好的妇女在相同的时间开始准备，并无特别仪式。由于是临时搭建的神棚，所以它同样有一系列的将神棚圣化的响棚仪式。

农历五月二十七是庙会的第一天，二大队的村民三三两两地前来神棚跪拜、烧香。当日下午，所请的戏班也开戏了。对于水祠娘娘庙会来说，二十八、二十九两天才是庙会的正日子。这两天，不仅有大量的本村村民前去神棚烧香、膜拜，邻近各村的庙会组织都会前来上香。我曾经在龙牌会、铁佛寺庙会上见到的熟悉身影大多再次出现在这里。也就是在这时，我脑海中灵光一闪：要是没有这么多的庙会组织来过会，龙牌会、铁佛寺庙会和娘娘庙会将会是一番什么样的境况呢？

2002年7月8日，农历五月二十八上午十点，当前来的庙会组织逐渐增多，天气也渐渐炎热的时候，我索性坐在了娘娘庙会的接待处，观察前来的这些庙会组织。也就是在这里，几位前来赶会的老人都忍不住问我："怎么，你也专门赶会？"

# 娘娘庙会上的会启

前来过会的他村庙会组织都是集体搭乘拖拉机或小型农用车，由各自所在的庙会统一支付其成员的交通费、香烛纸炮和要向娘娘庙会交的香油钱、斋钱。个体香客多是骑自行车来，间或也有人步行，也有单家独户开着三轮车来的。

五月二十八早上八点四十，负责接待的娘娘庙会的会员们汇聚神棚门口，女性会员手执红绿旗幡，腰系红色、绿色或紫色的绸带，四五位男性会员则分别手拿鼓、钹、镲、锣等乐器组成一个小小的乐队（没有铛），他们在一位手端一小簸箕干供、精通接待礼仪的女会员的带领下迎接来上香的庙会组织。迎接时，一般前迎约 30 米，带领者双手端着干供，举到额头，脚下和着乐队鼓点走着禹步，单人在前，其他女会员一手挥动腰间的长绸带，一手挥动手中的旗幡或者扇子排列成行，跟随其后，乐队则在最后。前来上香的庙会组织，人员结构与娘娘庙会迎接队伍相似，有领头的，举着表明其来源及所属的会旗，还有一般成员和乐队，人数通常在十多人到四五十人之间。

双方的带头人相遇时，先是象征性地交换一些干供和黄表纸，然后在鼓点的伴奏下原地走禹步约两分钟，最后按照同样的步伐，迎接者后退，被接者前行。至神棚门口，迎接者自动让开准备迎接下一拨前来上香的庙会组织，前来上香的庙会组织就在神棚门口的神案前烧香、烧纸、唱诵经文，其中有一个代表把该会要给的香油钱及斋钱交到娘娘庙会设在神棚门口的接待处。

在接待处，娘娘庙委会三人专门负责登记前来上香的庙会组织的会名、村庄名、人数、油钱和斋钱。前来登记的庙会组织的代表会趁机发放会启，请求娘娘庙会参加自己村的庙会。要在这里吃午饭的庙会组织一并由此人领取饭牌。娘娘庙会的斋钱以每人二角计算。在散发会启时，发会启的人会反复叮嘱娘娘庙会接待处接会启的人："告诉你们主事儿的，到时一定来啊。"

正是在这样的叮嘱声中，梨区的庙会都有相当的规模，一点不显得冷清。

出迎

前来上香的
庙会组织

迎接

拥挤的接待处

神灵前的唱诵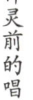

如果一个有能力的庙会组织刻意想把自己的庙会办得轰轰烈烈，只要它勤于参加他村的庙会，并散发自己过会的会启，热情地邀请和叮嘱，那就是比较容易的事情。由于地处梨区的政治、经济、文化中心，虽然龙牌会强调自己不给别的村庙会发散会启，但如果龙牌会的人当年不去参加梨区那些"非中心"庙会，那么，次年龙牌会规模就有可能减小。同样，由于经常都是大家相互往来，梨区庙会的斋饭也就趋于同一。

乘坐大车前来的武会

2002年，龙牌会拆掉大伙房，没有按照梨区庙会的惯例为远近前来过会的庙会组织和香客提供斋饭。当年以及次年，前去赶会的人和庙会组织少了很多。虽然并不一定对等，传统社会中人与人交往的礼尚往来总体上成为梨区庙会组织之间互惠交往的基本原则。不同村落庙会之间就形成一种默契，相互赶会乃每个庙会组织及各村行好的责任和义务。在这种意义上，庙会也就成为一种人为操作的"交易"，而不仅仅是人与神之间的不对等互惠。庙

会上肃穆的仪式，也就只是由那些年长的、虔信的行好的维持。除极少数对神灵有特别祈求之外，大多数本村或他村前来的青年人都主要是访亲会友，凑热闹，看热闹。

由于赶会的人多，特别拥挤，娘娘庙会特地派了三四位身体魁梧的会员向街道两边疏散人群，以便给迎接仪式保留必要的空间。间杂在这些庙会组织之间前来的还有武术战鼓队等武会。这些武会人数多在三四十人，敲鼓者一般是男性，其中不乏小孩，表演武术的男女皆有，有的是清一色女性。与前来上香的庙会组织是乘坐拖拉机不同，武会大多乘坐卡车。车上悬挂着写有联系电话的会旗，成员也统一着装。当然，与龙牌会一样，娘娘庙会要给这些武会一定的报酬。一个村子为把自己村的庙会办得热闹些，经常会邀请更多的武会前来表演助兴。

这些武会多数都是附近村落中的，它们往往也不请自到。当两个战鼓队同时到达时，双方都暗地里较劲，鼓声一浪高过一浪，在晴朗的天空回响不绝。在鼓声中，不少极具地方特色的业余表演团体纷纷前往，有板有眼地展示自己。

由于有众多上香的庙会组织和武会的精彩表演，二十八、二十九两天上午的二大队热闹非凡。平常还有些空旷、稀疏的村子一下拥挤、局促、紧张起来。大街两边的房顶上都站满观看的人群。

就在 2002 年的这两天，以庙会组织名义前来赶会，在庙会接待处交了斋钱，登记要吃午饭的庙会组织有龙牌会、秀才营铁佛寺东会等共计 39 个。一般情况下，这意味着娘娘庙会过去一年曾经前往他村参加过的庙会数量和来年它将要参加的庙会数量。对于当地行好的而言，除生产周期之外，他们比一般人还多了庙会生活周期。

# 庙戏、歌舞与焰火

请戏每年也是娘娘庙会的重头戏。与铁佛寺庙会不同，娘娘庙会的戏是在下午和晚上演出，下午唱戏是从三点半到六点，晚上则是八点半到十一点半。2002 年，庙会请的是河北省平山县西北坡坠子剧团，而且在五月二十八晚上，特意另请了一个邻县的现代歌舞团前来表演。因放焰火，二十九晚上唱戏也推迟了一个多小时。因此，在二大队的夜晚，当人们痴迷于舞台或神棚时，我则在二者之间穿梭往返。

戏台在村委大院内，是改革开放后新修的。露天的戏台与神棚相向，坐北朝南。庙会开始前，在戏台上方搭上了篷布，以遮蔽烈日。戏台下面，临时将村委院内尚未用的几条粗壮树干和八九条水泥电线杆间隔卧放，算是座椅，后来的人就只有自带板凳。看戏的条件虽简陋，但每场戏戏台下面都座无虚席，有赤膊摇着蒲扇的长者，也有并不看戏而不停上下来回奔跑、一丝不挂、满身是土的幼童。老者看得认真、神往，小孩亦自得其乐。张生伦老人说：

戏班迎神（姜炳国
摄于 2002 年）

戏台下的座椅

幕布后的炎热

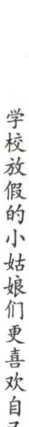

学校放假的小姑娘们更喜欢自己跳动。

璀璨的焰火

举头三尺有神明

自小起，我就喜欢看戏，方圆十里地内，直到现在，只要有庙会有戏曲表演，我都骑自行车去看，没漏过一场。但现在的年轻人，喜欢看戏的越来越少了。再过些年，这些戏可能就没有人看了。

老人一开始说得还比较兴奋，末一句就有些伤感了。

请现代歌舞是庙委会考虑到村子中的年轻人不喜欢看戏而安排的。尽管这个歌舞团的演出质量不是很高，有的歌曲高音明显没有唱上去，还有些跑调，但当日晚上，人山人海，摩肩接踵。几乎所有的村民都去戏台前走了一遭。去了就回的人，一般都是因为实在挤不进去。包括已经放暑假的中、小学生在内，村民们热情高涨，不断"起哄"。还有人去给演员献花，整个场面异常热烈。演出一直持续了将近四个小时，直到凌晨。看到那样热烈、火爆的场面，我不禁想：如果将来还继续过会，现代歌舞会不会取代上演了几百年的乡村戏剧？话又说回来，几百年前的乡村戏剧，何尝又不是当时的"现代歌舞"呢？

二十九晚上的焰火是娘娘庙会的高潮。五月二十九晚上九点到九点四十的焰火，与二十八晚上的现代歌舞晚会一样，再次将全村人的兴致、热情激发到顶点。焰火在神棚前的街道上，由专人燃放。在长达半个小时的时间里，形状各异的焰火在空中争奇斗艳，竞相开放，烟花爆竹声、人们的欢笑声不绝于耳，整个村子沉浸在节日的氛围之中。站在我身边的人情不自禁地说："热闹，热闹，比过年都热闹。"几天来，对外来的我们一直显得有些羞涩的小姑娘，也主动请求给她们照相，高兴洋溢在她们稚嫩的脸上。

当然，并不是所有的人都如此热情，还是有一些老者，坐在黑夜笼罩的自家院门前，摇着蒲扇，悠闲地聊天。漆黑的夜晚，只有认真聆听才能感觉到他们的存在。

二十九晚上，因为焰火的耽误，庙戏也唱到了零点以后。我听不懂坠子，于夜里十一点左右回到住地。没想到新的发现正在接下来的乘凉闲聊时等着我。

# 无心插柳

当时，我们前去调查的这些人分头住在村民家里。由于我去得较早，十分有幸地直接被庙会会长迎进了他自己的家中。会长有三个儿子，二儿子在外乡工作，大儿子和三儿子留在村里。当时，大儿子已经自修了新宅，会长夫妇则与新婚不久的幺儿子一同生活在老宅。我被安顿住在新宅。与梨区其他村子的庙会一样，娘娘庙会也为当下通信手段多样的乡村提供了人与人，尤其是亲戚朋友之间面对面交往的时空。通常借庙会之机，出嫁到外村的女儿都会回娘家与亲人团聚，也顺带烧香，看梆子、坠子为主体的庙戏等表演。当然，这也是喜欢热闹、自由的小孩子乐于经历、体验的时空。

二十九晚上，天热得厉害，回到住地的我难以入睡，索性坐在庭院里乘凉。仰望星空，听夜空中传来的缥缈的坠子，不用像白天那样忙着观察、记笔记，别是一番享受。在庙戏快结束的时候，当天从邻村回娘家来的会长的闺女带着她的两个小孩到了新宅。在她给两个小孩子洗浴的时候，我就与这位年龄显然不太大的母亲聊起天来。

闲聊中，意外地发现我们俩是同年生人，但她的闺女已经10岁，儿子也六七岁了。在我说出自己还没有对象并对她表示出羡慕、赞许之意时，这位爽朗的年轻母亲对我说道：

"我真不知道你们城里人在想什么，都这么大了，怎么还不结婚？"然后头朝两个孩子扬了扬，低声对我说："这两个都已经订婚了。"

最后这一句让我倍感惊讶，犹如三年前在龙牌会现场。我脱口而出：

"真的？他们俩都订了？你没骗我吧？"

"是呀。我们这里都这样，附近这一带差不多都这样，不信你去问问别人。所以你得抓紧，都三十多了，你也不小啦。"

在一定意义上，乡下人是无法理解城里人的，但对城里人却有着宽容与亲切。可是，城里人一直都是贬视乡下人的，并不愿置身于乡下人的生活中来看乡下人，有着貌似高贵的偏狭。文化差别、文化隔膜乃至文化敌视一直都存在于不同族群甚至不同群体和行业之间。鸦片战争以来，很多基于田野调查的海外中国研究确实不乏真知灼见，但其中也有不少对中国社会、历史、文化、宗教、艺术等的认知夹杂着西方人骨子里的高傲和偏见。

因为天热而有的这次随意闲聊，激发了我在随后的日子对当地"娃娃亲"的探究。但与三年前我在龙牌会现场的震惊和偏狭不同，这次我研究的出发点是想找到"之所以还这样"的合理性。如同我后续研究揭示出的那样，有着变异并将男女当事人推向前台的当下梨区的娃娃亲确实是既往婚俗的延续，但它也绝对不是机械的固守，而是与当下当地的生产方式、生活方式，与人们对生活世界的评判、期待有着紧密的关联。更为重要的是，虽然在龙牌会、铁佛寺庙会和娘娘庙会现场，我经常都看到年满 12 周岁的孩子在父母的带领下前来扫堂（坛）还愿，但我并未将这些敬拜行为与娃娃亲这一婚俗联系起来。

2005 年 7 月，当我在梨区段光和何计两个家中过会的现场目睹众多父母带领孩子扫堂时，同样是在与这些孩子都上过学的父母的闲聊中，我才猛然发觉这一似乎纯然是出于信仰的还愿行为与貌似保守的娃娃亲这一婚俗之间的紧密关联。也就是面对这些在仪式中很少说话的"成人了"的 12 岁的孩子，我才深切地理解马塞尔·莫斯（Marcel Mauss）所言的"整体的社会事实（total social fact）"、杜赞奇（Prasenjit Duara）在中国社会史研究中所编织出的"权力的文化网络"和克利福德·格尔茨（Clifford Geertz）所言的"解释的解释"。[1]

---

①岳永逸，《灵验·磕头·传说：民众信仰的阴面与阳面》，第 13—49、228—231 页，北京：生活·读书·新知三联书店，2010。

# 7
# 峰多障目

## 惠老爹与范大娘

　　不论白天还是夜晚，与外边的喧哗、热闹不同，2002 年常信二大队娘娘庙会神棚内是另一番肃穆的景象。在神棚的每一进，都有一个从外村自愿前来给人看香的香道的。当前来赶会的庙会组织集体性的敬拜完之后，其成员化整为零，与个体香客一样，会纷纷走进神棚给悬挂的神马逐一磕头，"有事儿的"就请求香道的给他们看炷香。

　　看着在娘娘神案有那么多的人看香，想到了龙牌会和铁佛寺庙会上所见到的同样情形，我不得不琢磨：要是没有这些香道的，梨区的庙会会是一番什么景象呢？我必须正视这些一直敬而远之的香道的。于是，在随后的调查中，我更多地走向了家居室内，走向了几年来我都没走近的香道的。根据前几年调查的田野笔记，我对曾经仅限于"远观"，也多少混了个脸熟的香道的进行了深度的追踪调查。原来，这些香道的家中也过会。

　　香道的在梨区还有"仙家堂"等不同称呼，是这一带能使特定神灵（包括仙家）附体，给人看"事儿"、看"病"的人。香道的有男有女，年龄多数在五十岁以上，多为文盲，多数都在赵县城的大寺"皈依"佛教，少部分则归属道教。香道的都是业余的，下地劳动仍然是他们基本的谋生方式。一个人成为香道的有自己不同的原因和经历，如：因敬拜某一神灵使自己长年不愈的病痊愈者、拜师学艺者、勤修苦练者、家有"老根儿"者，等等。当然，一个香道的，常常是数种原因共同催生。

各个香道的附体神灵不同，与神灵沟通的方式和时间也不尽一样。香道的都有一个主要附体的神灵，但就是同一个香道的在面对不同的事和病时，其附体的神灵也不一样。除了师徒之间，香道的之间很少交流，也不轻易评说对方，但是大家却并不陌生。每个香道的都强调自己是一心向善，为神当差、为人做好事，是行好。无论在哪，他们给人看香都没有任何私欲和功利的目的，并鄙视任何一个香道的为发财或扬名而看香。"我们是行好"是香道的常说的一句话。同样，他们经常反问我："别人找到你了，你怎么办呢？"

1999年在龙牌会的神棚中，香道的惠老爹在梨区有着好的口碑。2002年娘娘庙会期间我和他有了更多的接触，并从常信二大队搭建的神棚径直走进了惠老爹简陋的家中。

梨区流行的香谱。即在一定意义上，看香是可以习得的。

7 峰多障目

191

香——人神之媒

香道的这样烧香，
香灰不会掉，还有
一个美丽的名字
——龙抬头。

　　惠老爹，1943年出生，中等身材，一条腿不太灵便，走路稍微有些瘸。从23岁起，他就给人看病、看事儿，也看阴宅、阳宅。究竟怎样就会给人看香了，他自己也不清楚。就当年的感觉，他说："眼花，一阵一阵地，跟做梦一样。于是，别人说我'有事儿'。"最先，他自己不承认自己是"道上的"，而且在相当长的时间内都担心自己蒙骗、糊弄别人。他说："我没有拜过老师，……我父母亲不给人看病。我三爷爷给人看过，但三爷爷没（去世）得早，他怎么给人看我也不清楚。"因此，在第一次给人看香之前，惠老爹拒绝了很多人的请求。

　　一条腿也有些瘸的范大娘（1942年出生）则是另一番情景。2003年7月26日午后，在她主屋内，需要开电灯才能大致看清她那油黑的神案。当时，慈祥的她对我说：

　　　　　　　举头三尺有神明

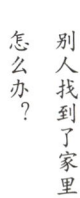

别人找到了家里，怎么办？

　　嫁到婆家后，没生病前，我从不去寺（铁佛寺）里。自己也一直不信这些。29 岁时，我开始生病，吃一口吐一口，死里逃生几次，家里穷，仅有的钱都用来看病了。房子里常四处响，但又找不到是什么东西，锅里的水经常烧不开，就连锅有时候也莫名其妙地到了院坝里，装面的瓦罐的盖子和身子自己也分开了。闹得没有办法。别人都说是"鬼子"闹的，俺就是不信，不信行好。丈夫在院坝里就跪下了，跪下也不成。后来，我的腿瘫痪了，蜷在床上，动不了，哪儿也去不了。没办法，才找了这里面的人看了。说是老辈有这根儿。咱上医院又看不起，没钱，就信了。后来，长明灯点上了。找师父给安上了老根儿后，腿慢慢地也就能活动了，但腿在床上蜷的时间太长了，后来就瘸了。往朱家庄、寺上跑了两年后，才开始给人看病。一开始是偷偷地给人看。俺也不知道怎样给人看病，只是给人报①的。往寺上跑的时候，也不知道累，不由自主。总往寺上跑，烧香磕头，给谁都磕，初一、十五到寺上烧香没有间断过，一直闹到 31 岁。

　　范大娘的经历绝非孤例。在"无狐魅，不成村"的北中国，包括狐仙在

---

① "报"，即香道的身不由己地把"神神"的旨意原原本本地传达给求助者。

内的四大门是乡土宗教常见的景观之一。在陕北榆林，1927 年出生在十分贫穷人家的"神媒"雷武同样被动地经历了成为灵媒的过程：

如波罗的绝大多数人一样，雷武也是文盲，直到 20 岁仍靠放羊为生。就在这一年，狐仙首次附体上身。无论任何时候，只要狐仙附体，他就身不由己地处于一种癫狂状态。在严寒的冬夜裸奔，在酷暑的烈日下穿厚厚的棉衣，在肮脏的粪坑睡觉。当他重新恢复知觉时，他对发生在他自己身上的事情一无所知。两年后，狐仙告诉他，他的前世已经受惠于狐仙。因此，狐仙要他成为神媒从而回报自己，替自己给人治病并为之扬名。起初，雷武拒绝了狐仙的要求，甚至诅咒狐仙，但狐仙一直纠缠不休，直至雷武臀部上的疮越来越大。在相当长的时间，雷武不能行走，也无法治愈疮痛。当他不再能忍受痛苦时，狐仙再次附体并许诺："只要同意为我服务，我将在几天内治愈你的身体。"最终，雷武同意了。于是，狐仙进入了雷武的身体，并使他远离了疮痛。从此，雷武成了狐仙的化身。[1]

不仅北中国的香头如此，南中国也有相似的案例。广东清远市浸潭镇，与"问仙佬"常自称是"菩萨托梦"教授经文、画符作法或重修庙宇等不同，"问仙婆"全都有过一段称为"菩萨降"精神非常态的经历：

村里人说，在菩萨降的时候，她们可以不吃不喝、整日蹦跳、大喊大叫，甚至吞食泥沙香烛，用火、刀等伤害自己而没有痛苦的样子，等等。同时，她们会经常叫喊某个或某些名字，这些名字是属于天神、庙神或者已经去世的"问仙婆"的。不少巫婆发生过多次这种菩萨降。最后，她们会在自己的家中设置一个神坛供奉她们在失常时经常叫喊的神。根据她们自己的说法，

---

① *Xiaofei Kang,"In the Name of Buddha: The Cult of the Fox at a Sacred Site in Contemporary Northern Shaanxi"*，第 84 页，载《民俗曲艺》2002 年总第 138 期，第 67—107 页。

范大娘家中的全神案

是神要求她们设坛的，否则就会不断"降"临，直到她们完全变疯。[1]

---

[1] 黎熙元，《乡村民间信仰：体系与象征——清远市浸潭镇民间信仰研究》，第76页，广州：中山大学博士学位论文，2001。

自制的颇有讲究的香炉

庙会离不开香道的

　　梨区行好的托请香道看香的"事儿"包括风水、阴宅、阳宅、运气以及人或者家庭不对劲的地方。"病"主要是农村人常说的"虚病"，常指精神病或平时常见的小毛病，也包括由此引发的家宅不平安、运图欠佳、家庭纠纷、子女出走、邻里失和等，用人类学家李亦园的话说，就是"整体性的、与人际关系有密切关联的"种种非正常状态。[①]病和"事儿"在梨区行好的口中常常混用，在不同的语境中，或相同或各有所指。如今香道的在这一带的村子虽然仍很普遍，但与五十年前比还是少了很多。

――――――――――

　　[①] 李亦园，《宗教与神话论集》，第 192 页，台北：立绪文化事业公司，1998。

患了虚病，或者乡镇、县城医院没有办法医治的病，人们都更愿意去找这些香道的。平时很忙的香道的会去与自己有一定关系或比较熟悉的庙会。在庙会这个公共空间，在众人的注视下，香道的能力更易凸显，其名声也容易突起。反之，对一个庙会而言，有名的香道的到来会吸引更多的香客，不但给庙会带来更多的收益，也宣扬该庙会主祀神的灵验，使庙会香火更加兴旺。在庙会看香的香客都会向其所在处的功德箱中扔一定数目的钱。无论许愿还愿，这些钱全归庙会所有，香道的分文不取。不论香道的看香时附体的神灵是谁，只要前来这个庙会，他们就认为自己是在替该庙会主祀神给百姓办好事，为庙会办好事，是行善，是行好。

与过去一样，包括不少茶棚会的组织者、庙会的组织者在内，大多数村民平常也并不太注意这些香道的，有的甚至还很鄙视。但一旦有什么病或"事儿"经由"科学"的办法、手段无法解决时，人们就将自己的注意力转向了这些自己通常在科学观念指导下不屑与之为伍的人。当然，通常本村人是不会找本村的香道的，而是找外村。找香道的原因很多，几乎涉及疾病、风水、土地纠纷、家庭生活、工作、开学、出行、婚姻等日常生活中的各个方面。现今，与千里之外的上海松江的代哭广告一样，电话等现代通信工具也成了人们看香的工具。不方便前往的求助者与不愿出门的香道的，不少就采用电话传递信息。香道的在自己的神马前烧香查探后，再将情况通过电话回复给对方。


# 段大娘的存根

2003 年 7 月下旬的一个深夜，我与学文兄目睹了段大娘通过电话得知外村求助者所求事项后为其烧香、看香的场景。与她已经有数面之缘的我，幸运地获准抄录此前半个月内，找段大娘看香的人和"事儿"的记录存根。

这绝对是运气。

因为无论是许愿还是还愿，段大娘要先将求助者的个人信息、求助事项、许愿或还愿内容录写在一张黄表纸上，然后再给求助者打香。积存的这些底单，过一段时间后再一次性烧给神灵。在梨区漫步数年，也有意地与香道的打了一年多的交道，这是我首次遇到香道的自己记录的存根。其他香道的，要么不识字，就是识字，也没有谁会留存这些记录。已经有了两个孙子的段大娘，是在她婚后背着孩子才上了两年夜校，认识了一些字，是个"半文盲"。这些存根多数是她自己书写，相当一部分是上小学的孙子帮忙，也有时是在场的其他行好的帮忙。

存根中有不少错别字，现摘抄数条。除地名进行过处理外，其他均照原样抄录：

小早村李门张氏为家中神不青东边庙
……张门王氏为血压腿全身宅院洞口井
正中太为宅院神仙
……李门□氏为病宅院腿痛乳房痛
西丁村曹门王氏为买卖顺利
陆村王西华宅厂病宅院洞小口仙明神案
大安铃门李氏为宅院小口求子
黄退村郭门雪氏小女父马病长
马门张氏为病腰腿
镇邱韩门马氏为全身病痛小女例阴阳宅院
范庄行存平为李婚合好罗彦彩生气
郝庄黄门王氏为病腿气断龙仙破财
秀才营季门张氏为玩童病烧洞口开
南门吴振合女儿吴会会为病神经阴魂外事
唐邱程门郝氏为宅院洞口儿子破小坟
邢门铁氏病痛胃

　　　　举头三尺有神明

……刑门晋氏为为病胃气

杨门张氏为气生外妈家

……黄门张氏为病腰腿洞口龙仙破口

贤门楼李门马氏为玩痛病干炎

……马军辉为电房工作是无医费多出腿疾病佛毛山神

纪常庄□门王氏为口炎毒

东平米门赵氏为心头烧

……李门程氏为病痛经阴魂

……郭门樊氏为病全家病神仙洞口坟营

赵平冯新现在山东惠氏县站门市

……冯秋波为全身病婚事

金玉奉为各大洞口

武门刑氏为洞口

韩家庄刘刑氏为坟地波宅院

曹庄尚门梁氏为玩童眼病求师父

赵梅北胃门赵氏为家宅洞口

N县西曹故杨门赵氏为病求为买卖

N县北董王门耿氏为病求师父费心（肺病）

N县郝庄村高 为考高中求师父费心（……）

段木庄崔门段氏为本人灾苦归佛道

N县西广村掌门郭氏为儿子胳膊腿身体健康

N县后张孟张门王氏为财和人求师父费心要钱

张门王氏为生气离婚女人娟

高庄合段门杜氏为病腿急心

……高门张氏为血压全身病佛门子弟有

郝庄李门高氏为房基地快快一定成功十天半月

……唐门马氏为求子生意

大夫庄史门李氏春分为病全身腿仙神坐炉

严村曹门立用刘氏为玩童心神不安

……郭门段氏为车和顺利 初八日

……郑门□氏为家中生气神仙乱炉

从这些记录可知，人们的生活现况和梨区人所享有的文化传统是这些香道的存在的土壤。通过正常渠道得不到解决的日常生活中的种种失衡，使人们常常将目光投向香道的。就我寻访的香道的，没有谁家特别富裕。相反，他们多数都比一般人家贫穷。

哪怕是巧合、象征性的或心意上的，由于香道的确实解决了人们生活世界中的部分困难、失衡，所以在香道的家中常常有受惠者赠予的旌旗或牌匾。某个香道的"灵"的故事常常会不翼而飞，香道的自己、受惠者和行好的都会讲述这些故事。与那些普通行好的一样，香道的更担心别人把他们自己这些行为说成是"迷信"，或者说他们是靠这些聚敛钱财。但人们的日常生活中确实又少不了这些人，尤其是庙会。

作为梨区一个定期的公共活动场域，庙会事实上成为如今梨区赶会的人，心理失衡或生活失衡的人重新获得一定意义上平衡的场域。由于香道的主要还是农民，还有自己的生产生活等琐事，庙会也就为要找他们的一般人，以及不是很着急找他们的人提供了一个新的场所。这样，我们也就能在梨区的每个庙会见到这些人的身影。

# 在家坛举办的女娲老祖会

伴随香道的有效仪式行为的增多，受惠者越来越多。在一个香道的有些名气后，也就会有人向他学徒。在农闲的夜晚，村中较为闲暇的行好的常常云集在香道的家中，一起念佛、舞蹈，谈天说地。香道的家成为夜晚梨区大小村落的"沙龙"。这样，在一个成名的香道的家中，围绕根据特定神灵而定的特殊日子，由香道的徒弟、求助者、受惠者以及本村和他村关系好的行好的为主体参加的过会也就成为情理之中的事情。

当然，香道的家中过会规模要小得多。就我所知，也还没有哪个家中过会形成了集市交易。但是，在神案前的开佛门、开坛、上香、上供、请神、送神仪式过程则与铁佛寺的茶棚会、娘娘庙会、龙牌会等大同小异。

在部分没有庙会的村庄，家中过会在一定意义上成了该村落中信仰活动的重镇。当得天时、地利、人和时，一个家中过会完全有可能"长大"。个别家中过会的香道的则经常带领自己的追随者前往参加他村庙会，并慢慢地开始下帖邀请他村的庙会参加自己的家中过会。这时，对于他村行好的而言，这个家中过会也就代表了这个村。果然，2003 年 7 月 27 日上午，在马邱菩萨庙，我看到了以菩萨庙为基地的兴隆驾会收有这样的会启：

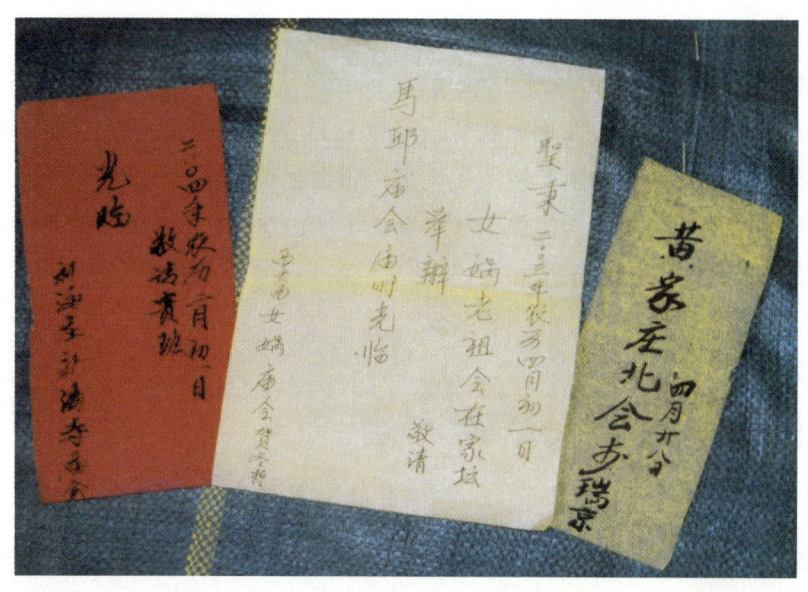

会启

圣秉二○○三年农历四月初一日女娲老祖会在家坛举办，敬请马邱庙会届时光临。……

但是，家中过会在曾经盛行多种宗教教派的华北并不是今天才有。后来，通过山东的友人，我了解到在1949年之前山东巨野的"神婆"们就在家中过会。同样，来自广东梅州的田野报告，也说明那里有家中过会的情形。[1]我意识到：
1. 当下梨区的庙会不是单个存在，而是作为一个具有自我再生能力的体系存

---

① 徐霄鹰，《歌唱与敬神——村镇视野中的客家妇女生活》，第99—108页，桂林：广西师范大学出版社，2006。

在的；2.犹如孙大圣的金箍棒，随着外界环境变迁、情势的不同，在已有的传统的基础上，梨区庙会既可以由小到大，也可以由大到小，正如龙牌会曾经历的那样；3.现在的乡村作为一个"异质性群体"①生活的所在，不同信仰、不同观念、不同身份的群体在庙会中扮演了各自的角色，均不可缺失。

同时，我也产生了很多疑问：梨区高耸的教堂和响彻天际的教堂钟声，在以本土信仰为基础的庙会中又扮演了怎样的角色？乡野庙会现场的参与者与缺席者、梨区的传统文化、现有的生产生活和政府的政策法规等等是怎样在各自的角度上，或积极或消极地促生着梨区当下众多的庙会？当下的梨区庙会是怎样生产出来的？又怎样对不同的人群进行着生产？

这些在田野现场的想象与疑问、困惑一道，构成了我博士学位论文写作时的基本主题，并完全抛弃了深入田野调查前以铁佛寺庙会为中心，勾画这个乡野庙会前世今生的写作预想。乡野庙会于我而言，绝非是孤立存在的，更非与日常生活是一种对立关系。在梨区，大大小小不同村落的家里家外的庙会实则是一个文化体系，是一个丛林、一片森林，是日常生活的延续。

# 家与庙之间的"黑洞"

2004年博士论文写作完成后，我继续漫步在梨区。除了集中体现当代乡村政治的龙牌会和娘娘庙会的政治学，香道的及其家中过会成为我观察的重中之重。因此，2005年7月在段大娘家中过会与何计家中过会的现场，面对扫坛的孩子，我体悟到了娃娃亲这一婚姻制度和宗教信仰之间的联结。以宗

---

①异质性群体由"有着各种特点，各种职业，各种智力水平的个人组成"。参阅 [ 法 ] 古斯塔夫·勒庞（Gustave Le Bon），《乌合之众：大众心理研究》(*The Crowd: A Study of the Popular Mind*)，冯克利译，第 134 页，北京：中央编译出版社，2000。

教仪式方式表现出来的扫坛，实则在背后作支撑的是人们生命观、世界观、成人观，是儒家伦理教化下的"香火观"的神经末梢。

家中过会的连带性、涵盖性、过渡性、伸缩性与韧性，挑战着学界惯常有的将"家"与"庙"严整对立的两种模式：前者指向宗族、祠堂，后者指向庙宇、圣山，并分别对应着"私"与"公"。这些偏向一端的研究不但极大地误解着绝大多数中国民众的生活世界与生活文化，还故意忽视了家与庙之间让渡、转换的可能性，人为地在家与庙之间制造着研究的"黑洞"。这也是我后来关于家中过会研究反复阐明的主题。①

2010年4月，在井陉苍山庙会现场，看到一群一群的朝山会在会首或香头的带领下，虔诚地叩拜、念佛，我更深切地意识到：这些生命力强盛，能伸缩自如的乡野庙会绝不仅仅是庙会，它就是乡土宗教本身。乡土宗教是人们实践的宗教，是人们行出来的宗教，甚或与他们自己的表述都没必然的逻辑关联。在相当意义上，这些自己家中过会的香头扮演了活生生的"人神"的角色。人神一体的辩证法和家庙的自如让渡乃乡土宗教变动不居的魂魄。这附着在大地上的乡土逻辑，根深蒂固，与传统的精英文化同样有着千丝万缕的关联，密不可分。近代以来，主要在于改、破、毁的精英对此要么懵懂不知，要么望洋兴叹。

意识到这些，所谓中国宗教的迷信论、帝国隐喻论、复兴论、功利论、红黑灰的三色市场论、短缺论等等都将不攻自破，非物质文化遗产论也明显是弊端百出。至少，这些带着光环、散发着光晕、底气十足的"理论范式"将会大打折扣。它们都是在民众执着也自然的宗教实践之外，自上而下、自圆其说的一种意识形态的建构。

如果说民众实践的宗教、操演的庙会是连绵起伏的真山峰，那么学界处

---

① 岳永逸，《家中過會：生活の流れにおける民眾信仰》，《比較民俗研究》（for *Folklore Studies of ASIA*）no.24（2010.3），p.71—122；"Holding Temple Festivals at Home of Doing-gooders: Temple Festivals and Rural Religion in Contemporary China"，*Cambridge Journal of China Studies*，vol.9，no.1(2014.3)，p.36—83.

心积虑堆砌的大大小小的理论则是虚虚实实的假山峰。"横看成岭侧成峰"大抵说的就是这真、假山峰之间的多重辩证关系。但是，无论是真山峰，还是假山峰，它们都会阻碍后来人的视线与视野。东坡居士早就说得透彻，正所谓"峰多巧障目"。

这些思考决定了我《行好：乡土的逻辑与庙会》（2014）一书的书写方式：直接攀爬那一座座真实的连绵起伏的高高矮矮的山峰。这种有些苦行僧的攀爬与不厌其烦的琐碎叙写，都直接源自我在乡野庙会现场的漫步。

# 8
# 水浮天

## 会唱歌的墙

瓶子砌成的墙会唱歌，呜呜然，如怨如慕，如泣如诉，是天籁，是"鬼与神的合唱"。莫言二十多年前写的这个故事很是感人：

（门老头儿）用废旧的酒瓶子垒一道把高密东北乡和外界分割开来的墙。但这道墙刚刚砌了二十米，老头儿就坐在墙根上，无疾而终了。

这道墙是由几十万只酒瓶子砌成，瓶口一律朝北，只要是刮起东北风，几十万只酒瓶子就会发出声音各异的呼啸，这些声音汇合在一起，变成了亘古未有的音乐。在北风呼啸的夜晚，我们躺在被窝里，听着来自东南方向变幻莫测、五彩缤纷、五味杂陈的声音，眼睛里往往饱含着泪水，心中常怀着对祖先的崇拜，对大自然的敬畏、对未来的憧憬、对神的感谢。

……

会唱歌的墙昨天倒了，千万只破碎的玻璃瓶子，在雨水中闪烁清冷的光芒继续歌唱，但较之以前的高唱，现在已经是雨中的低吟了。[1]

---

[1] 莫言，《会唱歌的墙》，第84页，北京：作家出版社，2012。

冯骥才先生倡导的中国民间
文化遗产抢救工程

对这个梦幻般的故事，畅游山海经卷的宗迪兄激动不已。一直对山川大地和大地上如风的歌声心存敬意的他，对莫言的这个故事进行了类比和转换：守望中国民俗学百年的钟敬文教授就是"门老头儿"，民俗就是大地上的"风声与歌唱"，民俗学者的任务就是要"重新砌起这堵会唱歌的墙"。<sup>①</sup>从自己因隔膜、无知长期对乡野庙会的拒斥，到近二十年来我在黄河、长江流域、港台的游荡，乡野庙会变得亲切起来，不论那是砌成墙的瓶子的高歌，还是轰塌后破碎酒瓶的低吟。

对生活的真切认知必须走进生活本身，而不是远离生活在案头遐想。作为一位作家，民间文化抢救与保护的倡导者，冯骥才曾深情地说："我们的研究对象正在田野里大批死掉，我们却束手无策，甚或依然故我地伏案翻书做学问。"<sup>②</sup>

① 刘宗迪，《古典的草根》，第3—16页，北京：生活·读书·新知三联书店，2010。
② 冯骥才，《田野呼唤理论》，《民间文化论坛》第137期（2004.6）。

事实确实如此。

显然，冯骥才不是在说伏案翻书的学问不重要，而是强调在田野中做"活学问"的重要性和急迫性。即，田野本身就是学问，它不仅仅是手段或方式。田野研究的难度丝毫不逊色于故纸堆的"死学问"，因为田野是动态的田野、变化的田野、深邃的田野。在浩瀚的田野中，我们需要的是坚实地一步一个脚印地走，永远走。

在田野中"遗世独立"、深耕细作的老百姓绝对不应该只是要接受教育、提高或改造的"愚"人，而是与精英一样，独立、平等的人，是文化的创造者。没有"和而不同""美美与共"的文化自觉与高远，到民间去、走在民间的"智者"可能也永远是在误读民间，误释文化，无论这些智者打着哪种旗号，穿着哪种马甲。千百年来，禁不绝的乡野庙会、乡土宗教就是一个绝佳的例证。

我们现在严重匮乏的是老实巴交的"土著之学"，而非摆谱的"寓公之学"与夸夸其谈的"游客之学"。正是顺着梨区庙会本身的引领，在庙会的现场，我有了本书所展示的困惑、迷茫与追问，有了这十六七年来环环相扣、举步维艰、纠结错杂的研究与书写。在日常的交流中，不少对当下乡野陌生的国内外友人、学生对我写作中的庞杂神名有着诸多质疑。不仅是在这样的时候，哪怕是自己的"自留地"梨区时，我始终都警醒自己有明显不可避免的局限。博大深邃而变幻莫测的生活世界，我又知道了多少？认清了多少？

因此，2004年的那个夏日，在博士学位论文的末页，我写道：

梨区庙会虽然很多，很普遍，过会仅仅是部分人的事情，人们也不是天天就一门心思地过会。梨区庙会仅仅是所有梨区人生活世界中有机的一部分。……如果说庙会是一年一度吹拂在梨区的季节性的"风"，那么"只有生活于乡村大地上的人们，才知道风对于生活的意义"。作为研究"风"之人，如果不沐浴"风"中，远离田野的旁观者式的观察、推测与研究可能就仅仅是一种努力的痴人说梦和门外杂谈而已。[①]

　　这些句子，我原封不动地保留在了《行好：乡土的逻辑与庙会》一书中。衍生于农耕文明的庙会不等于庙市。传统的乡野庙会一定有求神拜佛、烧香磕头、许愿还愿的仪式实践。这些所谓的乡土宗教正是乡野庙会的内核所在。在特定地域，对神灵的共认和定期祭拜使一个社区得以周期性地重新认同和整合，家庭、宗族、村落以及信众的自然、宇宙、社会均得以调适。娱乐和交易更可能是乡野庙会的次生功能。庙会不是别的任何东西，它就是千百年来民众有的一种生活方式，是生活本身。


# 这样举办的庙会好


　　如果把宗族、市场视为中国乡土社会的两极，那么与村社组织紧密关联的庙会就是中国乡土社会的第三极，是切实认知中国乡土社会重要的节点和社会联结纽带之一。或者正是因为如此，出于对施坚雅（G. William Skinner, 1925—2008）的巨区与市场理论的检讨与反思，桑高仁和林美容等人都较注重信仰的组织与级序之于中国乡土社会建构的意义。[②]

---

① 岳永逸，《庙会的生产》，第 147 页，北京：北京师范大学博士学位论文，2004。

② P. Steven Sangren, *History and Magical Power in A Chinese Community*, Stanford: Stanford University Press, 1987；林美容，《由祭祀圈来看草屯镇的地方组织》，"《中央研究院民族学研究所集刊》"第 62 期 (1986)，第 53—114 页；《土地公庙——聚落的指标：以草屯镇为例》，《台湾风物》37 卷 1 期（1987），第 53—81 页；《由祭祀圈到信仰圈——台湾民间社会的地域构成与发展》，收于张炎宪主编，《中国海洋发展史论文集·第三辑》，第 95—125 页，台北：南港，1988；《彰化妈祖的信仰圈》，"《中央研究院民族学研究所集刊》"第 68 期（1989），第 41—104 页。

在传统社会，乡野庙会多被归属于与正祀相对的淫祀，是统治者要禁止、打击、压制以及整编的对象。百日维新以来，在科学的准绳下，有烧香磕头的乡野庙会被长期贴上了"迷信"的标签。村庙、神像成了民族文化、中华落后的万恶不赦之敌，好像所有的弊端都是由这些自己不会说话的"泥巴老爷"引起的，因此有了百余年来屡遭摧毁的厄运。可是，就是在最严厉的岁月，犹如烧不尽的野草，乡野庙会也一直在不同程度地传衍着。20世纪80年代以来，不一定有庙，华夏大地上许多的乡野庙会纷纷"死灰复燃"，由暗变明。革命、科学、科技、教育、文明等并没有能成功禁绝被这些话语命名为"迷信""愚昧"的玩意儿。反之，在人们的日常生活中，后者与前者肩并肩、手挽手地嬉笑前行。只要人类要与土地相依为命，只要未知数、风险、失衡存在于生活，当下学界炙手可热的复兴论、功利论以及现代性也就多少显得孱弱、苍白。

今天的乡野庙会、乡土宗教仍在迷信与文化两种表述之间游弋、徘徊。究竟怎样给乡野庙会定位，给乡野庙会一个光明正大的位置，而不是羞羞答答地"共谋"包装成的"二奶"或"小三"？究竟乡野庙会应该怎样发展，能有怎样的生存空间？这些问题不仅民间文化的研究者需要深入调查，决策者同样需要深入调查。

正如我已经展示的这样，即使看起来是有违科学的"愚妄"，老百姓自己是并不愿意"迷信"的。梨区庙会现今的外在形态与在乡村生活中的良性作用，也从另一层面说明这些庙会对人们物质和精神生活的重要性。或者，娘娘庙会组织者自己的声音能告诉我们更多。2002年9月，娘娘庙会三位正、副会长给我的信中有下述文字：

我们水祠娘娘庙会，自改革开放以来，都是这样举办的，特别是2001年和2002年更为隆重。村民们都说这样举办的庙会好，宣扬的是我村的历史、文化，是本村的实事。在那时，本村的妇女就有舍己救人、助人为乐的高尚情操。虽然水祠娘娘贾亚茹的事迹已过多年，但村民们愿意宣扬历史，教育后人，继承先人舍己为人、助人为乐的光荣传统。

# 亢奋的马桶墙

　　1993年，在饱含着热泪写《会唱歌的墙》时，莫言肯定没想到他的故事会变为现实，会成为一种创意，进而成为文化景观，甚或文化产业。

　　2011年2月14日，在千年古镇广东佛山，我站立在数千个废旧的抽水马桶垒砌的瀑布墙景观前。从形状各异、颜色不同的马桶嘴顺流而下的水如潺潺小溪，轻柔婉约。鼻子丝毫没有嗅到马桶散发的恶臭腥臊。身边对这道景观近乎膜拜的朋友，一直都在善意地喋喋不休地唠叨："这堵流水的马桶墙，

佛山马桶瀑布墙

佛山祖庙里的『灵应』

绝对是变废为宝的最有创意、最富才情的奇思妙想。它加重了古镇佛山的文化底蕴，也走在了世界文化创意产业的前列。"

确实，作为佛山可以与祖庙媲美的新景观，这是游客必然要合影留念的地方。或者，我本身就是个"多余的人"。在马桶墙前站立的我，经常被要与这堵墙合影的或俊俏或帅气的游客趾高气扬地呼来唤去，让道腾地。

听到这些热情洋溢的赞誉之词，我多少有些茫然，不知所云也不知所措。搞这个创意的人，或者确实没有读过莫言的大作，有着与莫言一样高的智商、情商和"财商"。但是，如果他私下里读过莫言，并受了那个刚刚砌了二十米长的酒瓶墙，就在酒瓶墙根儿"坐化"的门老头儿的启发，莫言会不会要维护自己的知识产权？当然，这完全是以小人之心度君子之腹的瞎想，了无意义，是我这个不合时宜的庸人自扰。

让人头疼的问题却挥之不去，接踵而来：如果酒瓶、马桶这些废旧实物不仅仅是实物，而是莫言、宗迪敬畏的与土地相依为命的"土"文化，那么是否一定要将这些"废旧品""残次品"转化成为能带来经济效益的文化资本、文化产业和带来声名的文化遗产，还美其名曰"枯木逢春""老树发新枝""旧瓶装新酒"？"文化"，无论新旧，可不可以不加上"资本""产业""创意"这些后缀，其本身就具有存在、传承的独立性、主体性、合理性与可能性？文化真的不能摆脱工具理性的强权？真的只能困守功能主义、实用主义的陷阱？只能成为政治学、经济学的附庸与帮凶？

2005年2月和7月，我分别再回梨区进行了调查。一次是料峭春寒，一次是烈日似火。不论怎样的天气，该过会时，人们就团聚一处过会，依旧敲锣打鼓，依旧请神送神，依旧给另一个世界的神灵、仙家烧香磕头上供，依旧给它们燃烧堆砌成小山状的香、金银元宝和黄表纸。

2008年、2010年、2011年我都重回过梨区。年事已高的惠老爹继续一瘸一拐地往来于梨区庙会，给满怀期待的人们神色凝重地看香。看到我这个老熟人时，他笑意盈盈。我们也相互让烟，唠嗑。段大娘的存根继续在写。每次，我都能幸运地抄到还未烧掉的存根。他们还是会不时地问我"这是不是迷信"

家中过会结束，恭送神灵仙家时，将要用来送神而燃烧的金、银元宝。

的问题。

成了非物质文化遗产后的龙牌会，声势反而没有修建龙祖庙之前那么大了，过会的人少了不少。娘娘庙会仍然在进行申报修建"刘秀走国文化博物馆"的努力。2014年，铁佛寺的两座大殿又巍然屹立在了九龙口。一座大殿像天坛里的祈年殿，内供道教诸仙，另一座大殿像故宫中的太和殿，内供佛祖罗汉。是年3月5日，从梨区回来的刘铁梁教授对我说：

今年龙牌会还算不错，有范庄本村的年轻人抬神轿。范庄已经不是传统意义上的村庄，而是有着政治、经济中心地位的集镇。集镇留下了部分年轻人，这实际上为龙牌会这样的宗教活动提供了基础。奇怪的是九龙口，那地方真邪乎。毁呀建的，不知多少回了。这不，两座大殿又修起来了。

生活一如往常，风平浪静，很是诡异，似乎没有什么变化，似乎又有点儿变化。

# 砌成墙的瓶子一定要唱歌？

　　2005 年 2 月，我对北京门头沟区深山中的千军台和庄户村的古幡会进行了调查。数百年来，这两个村在正月十五、十六两天，高举各自写有神祇名号的旗幡，互串过会。门头沟区区政府已经将与古幡会巡行仪式相伴的幡乐申请为被保护的北京市市级非物质文化遗产。但是，新成立的古幡乐团基本上没有千军台和庄户两村的村民参加。于是，当年在古幡会现场，两个年过花甲的会头给我提出了"究竟他们在保护谁的非物质文化遗产"这样尖锐的问题。当然，还有"上面拨来的保护经费究竟用到哪里去了"等这样直接与经济利益相连的问题。

　　这令我喜忧参半。喜的是，村民对自己的传承和享有的文化有了明确的主权意识、产权意识；忧的是，其质疑的目的最终旨归还是经济利益。

古幡会中将要擎举游走的古幡

　　　　　　　　　举头三尺有神明

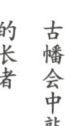

古幡会中敲打的长者

刘铁梁教授、乔健教授与我在古幡会行进途中的合影

　　就在 2005 年 7 月，受神奈川大学的邀请，刚刚从弥漫在梨区上空的香烟中回到京城的我，前往日本进行了为期半个月的访问研究。这半个月，我研究的一个主要题目就是日本当下城乡的群体性祭祀活动。我先后参观了较为偏远的静冈县热海市网代的阿治古神社祭祀、埼玉县熊谷市的团扇祭和神奈川县真鹤町的贵船祭。前两者是被地方政府保护的"无形文化财"（即非物质文化遗产），贵船祭则是日本国家的无形文化财。不论是哪种级别，这些祭礼与庆典祭拜的都是当地过去就有的地方性神灵。

2005年7月20日，阿治古神社祭祀时，必须由本地小学六年级、年龄在13岁的女生扮演仪式中的『巫』。背后的四位成年女性就是这四位少女的母亲。

2005年7月21日，团扇祭的神驾巡行时，走在游行队伍前列的位高且受人尊敬的长者，每个人穿着和服，佩戴有白花和表明其身份和头衔的小布条。

　　这些祭祀的参与者几乎是其所在地方的人的总动员：政要、财团、个人都纷纷捐款，警察维持秩序，中壮年牵引或抬着神驾，中小学生则敲锣打鼓，或仿效大人做同样的牵引与游行，余者纷纷围观，间或喝彩。在团扇祭的时候，包括议员等在内，在当地有身份、地位与威望的长者步行在巡行队伍的最前列。

2005 年 7 月 27 日，贵船祭中，中壮年男子抬着神驾从神社出来，他们将竭力抬着神驾绕街巡行，直至海边，最后再回到神社。

2005 年 7 月 20 日下午 2 点，在阿治古神社祭祀时，邻近另一个神社的小孩组成的『子供会』在大人的引领下，牵引着自己神社的『小神驾』巡行。不论在城市还是乡村，这是多数日本孩子都曾有的经历。

在这些祭祀的现场，我感受不到发达的科技文明和物质生活与传统祭祀之间的对立，也感受不到代表国家的政府和社会、民众之间的对立，感受到的是一种见者有份、人人参与的强烈的团体协作精神、共同把祭祀办好的心愿，和基于对故有文化传统的自豪，而对祭祀尽情、精微、中规中矩地展演的虔诚。

与此同时，我也感受不到人们要靠这些祭祀赚钱和发展经济的意图。三个祭祀中，只是团扇祭有较多的商户。但是在盛大热闹的巡行场面中，他们完全处于末路，仅仅是给团扇祭祀本身增光添彩。也即，从这些祭祀，我看到的是日本人对作为文化传统的祭祀本身的珍惜与珍爱。

2009年春夏，在香港工作的我有机会不时逗留在人流量颇大的黄大仙庙。映入眼帘的常常是花红柳绿的男女香客凝重地摇晃签筒。在这个被殖民百余年后回归祖国的高度国际化的都市，没有人对香客的虔诚、痴迷品头论足，指手画脚。有的是不同宗教、不同价值观念的共生互存。同样的生态也出现在台北、澳门和东南亚诸地。在这些地方，灵验的妈祖、关公有着广博的信众、浓浓的香火。

2014年4月2日，就在MH370航班失联后的二十多天，我到了马来西亚。无论在马六甲还是吉隆坡，祖宗牌位、神像安然地"活"在华人社区星罗棋

吉隆坡雪隆海南会馆·天后宫内的天后圣母

举头三尺有神明

布的会馆、庙庵宫观，怡然自得地享受着芸芸众生的奉献、敬拜和香火。在马六甲的古城旧街，尤其是鸡场街一带，和死人相关的纸扎店密密匝匝，一家挨一家。

与香雾环绕的匍匐在地、顶礼膜拜并行不悖的是，在马来西亚华人自成体系的独立的中小学教育。马六甲的培风中学，吉隆坡的坤成中学、尊孔中学等学校都有着未曾中断的百年以上的历史。事实上，以磕头敬拜为核心的会馆、庙宇和以传播书本知识为主的现代学校成了维护马来西亚华人文化认

马六甲鸡场街一带的纸扎店中待售的精美纸扎

马六甲培风中学

举头三尺有神明

同的三大基石。

这些景象，自然使我想到了我熟悉的华北的乡野庙会与乡土宗教。以发展、进步的名义，舆论对乡土宗教、乡野庙会始终是在迷信与文化这一泾渭分明的分类叙事学的矛盾体中左右互搏。

包括舆论媒体，行好的自己的在内，人们仍然在争论或者担心这究竟是不是迷信。换言之，即使定性为文化了，但称之为文化的这个东西本身并不重要。重要的是，它是否能带来经济效益、政治效应。屏蔽掉、掏空掉了价值理性的文化仅仅是经济、政治的工具，徒有文化的皮囊，至少名实不符。当然，名实不符有名实不符的好处。在华北都有着自己声誉和影响的妙峰山庙会和苍岩山庙会都正是在名实不符的逻辑下，获得了各自为政的异质性群体操演的权力，为香客的敬拜实践提供了事实上的可能性。①

然而，我们依旧必须面对的是：本意用来交换，使交换便捷的金钱这个世俗的工具成了衡量文化有无价值的标准。这是金钱的荣幸，还是文化的悲哀？我不得而知，也无从知晓，但我更加理解了人类学家刘新辨析出的今天国人生活中对金钱的信仰、崇拜和金钱至上的标准何以由外在转化为人的内在意识与自觉。②而且，正如古幡会现场我所看到的，只要与经济联姻，哪怕就是一点点保护费用，也会引发有关各方争夺、较力的政治博弈。其结果自然是，在政治和经济的合力下，文化不是在被保护，而是比过去破坏得更厉害了。

在一定意义上，衍生于农耕文明的民俗在工业社会、信息社会中是以碎片的形式存在的。曾经强大的传统民俗真如莫言笔下由瓶子砌成的墙，古旧、美观但不堪一击。如果一定要这样的"墙"如洞萧般"呜呜然"地歌唱，那么玻璃碎片很可能划伤所有人的脚，人们只能跛脚前行。甚至如逐日的夸父，

---

① 岳永逸，《忧郁的民俗学》，第133—137页，杭州：浙江大学出版社，2014。

② Xin Liu, *The Otherness of Self: A Genealogy of the Self in Contemporary China*, Ann Arbor: The University of Michigan Press, 2002.

但不是道渴而死，而是在不知不觉中血尽而亡。

少了自己文化传统的民族，跛脚前行会有怎样的前景和欢乐呢？

"水远自浮天"。这是在对山峰的颂扬之后，东坡居士表达的对水的敬畏。在海天相接的东南亚，华人的宗教现状或能给我们有益的启迪。"水浮天"不是幻觉，它是人目力所及的真实近景。

　　　　　举头三尺有神明

附　录

# 1

# 桑峪行记 <small>(2007 年 4 月 7 日 — 10 日)</small>

## 柳叶鹅黄

午饭后，与曹荣同往他的田野地：门头沟桑峪村。

正值北国的春天，从北师大新乐群餐厅出来，我们就戏说这次调查是踏春、郊游。酒醉初醒的我，更念想的是久违了的山里泥土的味道。

曹荣原本一直是乘坐地铁前往苹果园，然后换乘 929 支线的。我改变了他惯常的出行方式，从学校西门出来，坐 645 路公交车前往苹果园。由于我贪嘴误了数秒，眼睁睁地看着一辆 645 路车擦肩而过。刷公交卡坐 645 路车，八毛钱就能到苹果园。

沿途三三两两的柳树，呈淡淡的鹅黄之色，诉说着春天的气息。长期在桑峪调查的曹给我谈及了"大教"（本土信仰）民众在复活节前来桑峪教堂领取"圣水"的事。这令我想起了本土信仰中的"神水""灵水"。同在门头沟的斋堂川，桑峪的天主堂、圣母山和斋堂五十八村龙王大会是一种怎样的关系？如果可以分别用"圣水"和"灵水"来代指这两种不同宗教的信仰圈，那么流动的"圣水"与"灵水"之间是一种怎样的转换？这个细微的转换有着怎样的隐喻意义、文化内涵？同为水，叠加在其中的不同意义在怎样互动？

举头三尺有神明

如何在人们的信仰生活、日常生活中产生影响？这些或者都是值得进一步思考和斟酌的话题。

在 645 路公交车上摇摆了近一个多小时后，我们在十二点四十五到了苹果园。

# 地铁口卖艺

在苹果园地铁站口，远远地就听见镲的声响。循声前往，我们看见了三个小孩在卖艺讨钱。大点儿的男孩，约莫十二三岁，两个更小些的孩子也就六七岁，一男一女。大男孩赤裸上身，先是由他表演翻筋斗，两小孩打镲伴奏造势。然后，两小孩分别翻筋斗。大男孩再表演吞宝剑，站在弓腰小女孩的肚子上，以及钢丝锁喉等。这些完全是北京老天桥把式的再现。路人似乎都较木然。包括我自己在内，看的人很多，"赏钱"的人很少。

表演有些让人伤感，是我早就领略过的残酷。三个孩子的面色黑黝黝的，能灵活翻筋斗的身子明显有些变形，个中苦楚是众多在蜜罐子中成长的孩子万难体会的。如同他们的先辈一样，这些孩子显然没有幸福的童年。我也没有能找到带领他们行走江湖卖艺的老板，或者他躲在别处，或者就在观众之中。不知在收场之后，在北京春阳下辛苦卖艺的小孩们是否会挨老板的责打。数次想拍照，但怕惊扰他们的表演，终于忍住了。最终，与曹有些怅然地前往 929 支线的站台。

由于我观看卖艺耽误了五分钟，在我们到达站台前，又开走了一班 929。这下忙坏了在公交站台边守候的黑车司机们。在我们等车的这一个小时，几乎每位黑车司机都多次前来招揽过生意。这是春天，又是周末，有不少游人，包括金发碧眼的外国男女，笑意盈盈地前往门头沟的潭柘寺等地游玩。地处京西的门头沟交通仍然并不很方便，公共汽车的班次明显偏少。这给黑车主们提供了做生意的机会。因为早在三年前就有了被他们坑骗宰割的经历，我一直懒于回应他们的殷勤。

午后的春阳挥洒着它的暖意。在等待的时候，我与曹谈起了近些日子读的《玉米与资本主义》一书。终于，我们在一点四十五坐上了929支线。上车是曹刷的卡，每人五元六角。或者是身体仍然欠佳的缘故，车刚开到河滩时，我就再怎么也撑不住了，在汽车发出的振动声中沉沉睡去。四点过五分，在军响加油站下车后，我们走向桑峪。

山里很安静。除了偶尔在路上疾驰的汽车轰鸣和远远的狗吠，了然无声。天是久违了的湛蓝，明澈如海水。云是白的，被白云遮蔽的太阳将光线迫不及待地沿云朵的四缘射出，强劲有力。走了五六分钟，我们就碰见了曹的熟人，都是桑峪村里的人。遇到的人，曹都能说出其身份，有的还能讲出小故事。这是在可观察小型社区的一个成功田野调查者的标志。包括我自己在内，在很多口口声声说自己做田野调查的人中，能做到这一点的其实并不多。


# 晚瞻礼


我早就见过照片中的桑峪村口的过街楼。第一次见其雄姿时，仍然让我震撼。深山里的一个小村的过街楼如此雄壮，难道仅仅是一个村口的标志？它有着怎样的沧桑、故事和传奇？这里的大山，除了有已经不多的黑乎乎的煤，是那样地贫瘠。就在我还暗自困惑时，曹开始了他的叙说：过街楼上过去有观音庙；过街楼的东北边，现在的村委所在地是过去的广济寺；广济寺的斜对面，现在的变电房是过去的五道庙。如今，守护村民数百年的神灵都随风而去，庙宇也荡然无存。在曹的娓娓叙说中，我似乎不是行走在眼前这个夕阳笼罩的静默山村，而是行走在过去。这里的点点滴滴，有着藏之于心的同样是在山坳里的老家槐树地的影子。

举头三尺有神明

从过街楼往北，行走不到三百米，就到了前、后桑峪，也即前峪、后峪的分界线：鹞子涧沟。前峪的人多属大教，多数院门上都贴有花红柳绿的门神神马。后峪是清一色的天主教徒，各家各户门口也要清寂许多，却有在京城名声赫赫的圣母山。因为明天就是复活节，后峪街道两边墙上贴了些标语。标语多为"耶稣就是真理、友爱"之类的话，也有"保佑和平统一""护国佑民"之类的字句。这很有些像龙牌会前后的范庄街景，只是字句不同。

我们径直到了曹的房东——后峪的杨先生家，放下行李。因为复活节在即，杨先生在三家店小学教美术的儿子也回家了。杨先生的院子正在整治装饰之中，准备在五一以"农家乐"小院的面貌招待游客。平常，杨先生他们一家也不在后峪住，尤其是冬天，一般都下山到门头沟住。今年，杨先生农历三月十六才回到山里。

晚上七点的瞻礼并没有按时进行。教堂里，众多教友在自行唱诵经文。初来的我，并没听清楚他们唱诵的内容。神父还在教堂的西头聆听教友的"告解"。七点四十，瞻礼开始，一直持续到九点四十五，大致包括读经、讲经、新人受洗、领食圣餐等环节。

瞻礼在神父对主的悠长的唱诵中开始。关掉电灯后，在神父的带领下，教友列队走出教堂；在教堂外对主的唱诵中点燃蜡烛，再依次走进教堂。

在神父的引领安排下，四位中年女教友朗诵《圣经》相应的章节，有的用方言，有的用普通话，有的声音僵硬，有的婉转，声情并茂。经文都是说的主的业绩，讲述的是埃及、以色列等距这个遥远山村很远地方的故事。但是，与这个穷乡僻壤没有任何瓜葛的地名、人名与圣迹却成为这个小村人们日常生活中经常重复的言语，成为这个小村重要的组成部分。

再次，一位男修士讲经。讲经的主旨是要众教友做一位合格的基督徒，否则可能有被常年生活在耶稣身边的老虎吃掉、只留下嘴巴的危险。举行瞻礼，纪念庆祝主复活的目的就是要众教友与主一样，抛弃旧我，言行一致地成为一名忠实合格的基督徒。讲经有些生硬。因为没有互动，我很难了解下面的老少男女教友能听懂多少。相对而言，教友中的长者要严肃认真得多。包括小孩在内的年轻人表现多样，有的并不朝向祭坛坐，而是背对祭坛，有的说笑，有的玩蜡烛，颇有些以前生产队开大会的自由。

第四个环节是新人受洗。受洗前，神父再次带领大家走出教堂。在教堂门外，先是将两缸早已经备好的水圣化，然后再给新人受洗。受洗的形式很简单，给新人象征性地披上一块白布——新衣服，洒点圣水。在教友与新人一起和神父的问答唱和中，人们也算同时完成了坚振礼。以至于在神父觉得两个仪式都已经完成时，还有位教友问神父："坚振礼也做了吗？"今夜，接受洗礼的只有一位中年妇女。这与夜晚山涧疏朗的寒气有些不谋而合。

回到教堂之后，是教友领受圣餐。在领受圣餐前，还有"奉献"的环节。两位教友用一根长竿举着一个布兜，一一延伸到教友们面前，"请求"教友奉献。在此情景下，虽然对数目多少并无限制，但显然有着不言而喻的强制性。在不知所措的慌乱中，我也摸出了一元钱放进布兜。有些像政治领袖的神父亲切地同众位教友一一握手，传递着主的祝福。神父年纪不大，戴着眼镜，神采奕奕，手掌细嫩、肥厚。

最后，教区再分发给每位教友一个有纪念意义的礼物——壳上绘有不同纹饰的鸡蛋。神父说，这是"复活蛋"，吃了它就意味着祝福和新生。

伴随神父略微有些疲惫的声音，见证主耶稣基督由死而生的瞻礼结束了。

在我与曹步出教堂时，教堂外的两缸圣水旁已经挤满了取圣水的人们。多数人用大小不等的塑料壶将圣水带回家，也有人现场就喝。没抢到的，或不愿挤的，只有明天再来领取。

回来后，与杨先生及其夫人小聊片刻。他们说，从 1957 年到改革开放初，教堂中公开的仪式活动都被阻止，对神父、教友的批斗不断。可是，这些强大的外在压力并未阻止教友们自己的信仰生活。与同期遭受打击的大教一样，教友们仍然在寂静的深夜在自己家中念经、祷告。这期间出生的孩子，也先由教友代为受洗。

这跟梨区起起落落的庙会有些类似。信仰的力量是强大的，伸缩性也很强。家这个私性空间在其中扮演了重要的角色，完全就是信仰的避难所、庇护所。

政治在信仰面前是强大的，但也是疲软的。或许正因为如此，古今中外的不少政治家经常会借用宗教，或者干脆把自己装点成为宗教领袖，把自己弄成"神"，至少是"圣人"。（2007 年 4 月 7 日）

# 早瞻礼

凌晨，月光诱人，照进室内。夜出奇地静，不忍入睡。原定早上六点起床，四处走走，没想到在床上一赖，就到了六点四十。匆匆洗漱完毕，与曹同往教堂。教堂中已经经声缭绕，人们在习惯性地唱诵。西装革履的神父尚未换装，坐在后边，打量着坐在他前面的教众。

我和曹径直走上二楼，做瞻礼忠实的观众。站在栏杆前，教堂内一览无余。七点，瞻礼开始。教众有 120 人，男性只有 15 人，且都是中老年。换好装的神父与辅祭的五位男性教友列队走上祭坛。与昨晚一样，神父走在最后，身穿白色的袍子，辅祭者则穿白衣红裤。这些与日常生活迥然有别的装束让我想到了乡土中国赛社中的表演者。当然，还有因纽特人祭祀时特别的装饰、中国古代宫廷的优伶、通古斯人的萨满，等等。神职人员在典礼时的装束同样是一个很好的研究题目。

复活节典礼的程序与平常的祷告并无太多的差别，只不过主题是颂扬耶稣的复活。作为整个仪式的导演与主演，神父相当一部分工作是他对近期本堂工作的总结及安排，诸如组织读经小组、分享圣言、帮助弱小等，还有计划在五一长假把曾经在这里工作过的神父和修女都请回来，"好好热闹一番"。

在其主题演讲中，同样透露出他作为一个神父对教友信仰现状的无奈，乃至他有些尴尬地说："你如果实在忙，不能每天来堂里，那么两天来一次也行；如果两天不能来，三天来一次也行；三天还是不能来，一周来一次也行；要是一周也不能来一次，那么一月来一次也行；要是一月来不了一次，那么一年来一次也行；一年实在是来不了，两年来一次也行；要是两年都来不了一次，那么你就干脆退教，别说自己是基督徒了！"

在神父进行完演讲后，教友代表向神父表示了谢意。八点半，在坛上坛下的唱和声中，瞻礼宣告结束。


# 三代人的信仰

从教堂走出来，外面阳光灿烂。早餐后，与曹一同上教堂北侧的圣母山。与此前见到的照片中的圣母山相比，眼前的圣母山非常简陋。虽然在这个小村的最高处，但作为偶像存在的圣母全然没有众多本土偶像的繁复、艳丽与高大，其娇小的形制反而有些类似在中国千家万户神龛上都能见到的美丽观音。我不知道这完全不同起源的两个神灵在中国民间形制上的巧合是否有着某种偶然。

在圣母山上，拍摄了几张村中的远景照片后，我与曹重新回到屋舍俨然的村中。

在后峪的最北侧，是昔日的鱼林寺，供奉龙王。今天，鱼林寺旧址的那一片房屋早已经是教友的住所。和这个村子其他寺庙的现况一样，不论从哪个角度，都看不到昔日乡野庙宇的痕迹。

从后峪我们再次沿着南北的主街走到前峪时，时间已经接近中午。作为新农村建设标志性成果的村委南侧的小公园成为我们踏访的对象。公园门口是旧识杨德林撰文的《桑峪颂》，言简意赅的韵文，言说着这位出生于桑峪的能人对桑峪的文化体认和地方感觉。文字表述与公园实景有些相得益彰。公园内有城里的公园和小区都有的不同类型的健身器材，有新搭建的戏台，古老的槐树下有石桌、石凳。一树杏花孤零零地开着，有着七十二个分叉被认为是象征着村庄七十二条胡同的槐树仍没有丝毫绿意。除了偶尔抄近路而路过公园的行人、两个戏水的小孩，阳光普照的公园并无他人。

与似乎作为展示和景观存在的公园不同，过街楼外，东南侧马路边的小商店旁的石阶上坐着数位闲聊的人。在路口，我们遇到了杨德林的妻子。与她闲聊数分钟后，我们返回后峪的杨先生家吃午餐。午餐是丰盛的，但我并没有太强的食欲。与杨先生的闲聊，倒让我兴致勃勃。

杨先生的母亲那一辈人是很守教规、每天都念经的虔诚信徒。虽然不识字，也基本听不懂神父的讲经，但是她们坚持得很好。杨先生认为他自己这辈人有些退步了。到他的子辈，则很少进教堂，经也不怎么念了。杨先生甚至直爽地说："说句大白话，只要他们不做坏事，就是好教友了。"说完，他还颇感慨地问我们："你说说这是怎么回事？一次，我孩子他们同学聚会，都是年轻人，大家席间谈论的不是别的什么话题，而是生死的问题，问是活着好还是死了好。这些问题，你像我们这辈人是绝对不会想的。现在这个年代是怎么了？这就像一对夫妻，房子有了，车子有了，孩子有了，啥都有了，两人感情却没有了，闹离婚，闹别扭！"

他的感慨与问询我都无法回答。就他简述的三代信仰之别，我想到的是从形式上的信仰回归到形式上的信仰。祖与孙之间的隔代天主教信仰有什么本质不同呢？神父的天主教与祖母那一代人之间是有隔膜的。神父按照教规操演的仪式与祖母天天虔诚地念诵经文之间基本是没有交集的平行线。神父与教友按照自己的方式敬奉着自己信奉的天主。天主只是一个将二者统一到同一时空的象征符号。

这种境况实则与本土其他信仰状况没有什么差异。和尚、尼姑的佛教和求香拜佛说自己是善人居士的佛教相距绝对不是一里两里。道士的道教与乡村中看风水、治病、死人时做法事的阴阳生、风水师同样有着天壤之别。而新近不怎么进教堂，不怎么念经却常谈论生死的教徒更在事实上与神父在祭坛上的侃侃而谈有着隔膜。无论哪种教，只要到了信众层面，谁信、信什么、信得如何等问题总是显得扑朔迷离，让人摸不着头脑。

带着这些困惑，我迷迷瞪瞪地小憩了一阵。四点一刻，教堂传来了要举行分享圣体仪礼的钟声。我们在教堂停留片刻后，就去往前峪。我的困惑是：当后峪的教友与神同在时，前峪的人在怎样打发他们的时光呢？当然，这想法既受这个村信仰群体分野的启发，也受日本友人西村真志叶博士研究的门头沟燕家台拉家的影响，更为直接的灵感则来自于这两天我们不同时间经过过街楼时，在其东南侧的小商店旁常见到的三三两两的闲聊的人。同一个村庄，人们世代居住于此，一直有着或亲或疏的交往，但方位的不同就意味着不同的心境和生活方式、习惯。这应该不仅仅是空间分割的结果，也不能只归结为信仰所致。

如同我在华北梨区乡村观察的"村东头""村西头"等表述一样，很多地方性的表述是意味深长的，绝对不只是简单的方位指向。北方人对南北东西的概念是很清楚的。奉教者多在村北，大教者多在村南。但在人们的日常表述中，南北处于缺失状态，人们习惯说的是前与后。前、后在不同的桑峪人中究竟承载了怎样的意蕴，表达着他们怎样的认知，有着怎样的历史累积与恩怨情仇？

# 村口夕阳

当我们在五点多一点来到村口时，这里有四五位老年男性在闲聊着。安家庄、灵水、军饷等地名不时从他们嘴中蹦出来，连带的是一些陌生的人名。在这些见证着村庄历史的长者的嘴中，出现频率最高的词汇还是"鸡巴"。这个率真、粗俗的口头禅，语义很是含混。这，正是乡村公共空间闲聊的真实。

形式化的信徒、孤零零的杏花、没有绿叶的古槐、破败的墙垣、一语带过有些浅吟低唱的"鸡巴"就构成金色夕阳中的桑峪，这是怎样的一幅图景？是它的全部吗？

就在静坐老者身旁时，在山坡上挖树窝子的疲惫的民工们也纷纷收工了，从我们眼前徐徐走过。除了我与曹，本村的人们似乎没有人关注他们，夕阳拉长了他们黝黑的身影，令人有些目不忍睹。这些异地而来的过客心目中的桑峪又是怎样的情景？

当老者们散去时，我与曹向西边村子的墓地走去。夕阳灿烂，却不温暖。前峪的墓地如同后峪的圣母山，简洁、干脆，没有南国的豪奢。因为低矮的石碑和飘扬在石碑边灌木上的各色纸钱，外来的我们才知道那是墓地的所在。墓地周围是一个规模不小的蜂窝煤厂。因为环境整治的需要，这个蜂窝煤厂只剩下煤、黄土和堆积的蜂窝煤，没有人影。

从蜂窝煤厂回到村口时，已经是六点。我与曹回到小商店门口呆坐。就在发呆的那一瞬，两个健康的少妇带着各自刚刚一岁多的小孩从东侧的马路走了过来。孩子在前面歪歪扭扭地奔跑，年轻的母亲在幼小的身躯后紧紧跟随。没有阳光，奔跑和欢笑的孩子似乎承载并张扬着这个古老村庄的全部希望。也就在这一瞬，一个丰满的姑娘牵着两匹马从村中走出，由西向东而去，嗒嗒声声声入耳。

有了孩子的欢笑，有了嗒嗒的马蹄，没有了阳光的村子在朦胧依稀中欢腾了起来。晚上九点，教堂的门紧锁，没有散发出任何气息。桑峪重归宁静。

（2007年4月8日）


# 灵水


六点一刻醒来，阳光已经照进室内，匆忙起床，前往灵水。与南国此时村庄的绿意盎然不同，京郊的山峦仍少有绿色，大地也是死一般的苍凉。路两边的地里，偶尔有人劳作。七点半，我们抵达灵水村口。

历史上的灵水是个举人村。前两年在编辑《中国民俗文化志·北京·门头沟区卷》时，我就读过不少关于这个村庄的文字，对"水池三禁""秋粥节"

印象尤为深刻。在村口，有新建的横跨马路的钢铁架子，横梁上有"灵水村"三个字。

走过这个钢架子数十米，就远远看见一块长约二十米的巨大影壁。影壁上写有"灵水举人村"五个字，字为颜体，皆约一米见方。影壁的前方是一个广场，堆满了沙、砖等建筑材料。广场的西北角是新农村建设的标志性成果之一——颜色各异的健身器材。东南角是正在施工的厕所，有工人正在厕所内贴瓷砖。

从影壁前走过时，一个从后边跟上我们的村民问我们从哪里来，干什么。知道我们只是随意走走，四处看看时，他热情地邀请我们到他家坐坐，聊聊。迎面来的村民在我们驻足于影壁东侧约三十米的一口水井时，同样热情地给我们介绍这口水井的历史，说前方还有一口历史更为悠久的水井。

村民的热情与对村落"历史"的熟悉，"导游式"的语言与叙述，让我与曹都有些诧异。这一方面意味着有心发展该村旅游的政府基层干部的成功，另一方面也说明村民对旅游热兴起的期待。实际上，村里已经有着较好的道路和用水等基础设施。我们行走的道路都已经硬化，自来水、污水、消防、电信、闸门阀等各种管道出口的盖子在这些路面随处可见，各种名称的"农家乐"牌子也不时从道路两边挤进双眼。

九点，我们来到村子最北端、立有门头沟文物保护标识的龙王庙。这是一个格外残破的地方。要不是那块不过一尺多高写明是区级文物保护单位的小石碑，仅从残垣断壁，我们根本无从知晓这儿曾经是个什么样的地方。因为四处少有行人，正在道路施工的工人又是刚刚来此地打工才三四天的涿鹿人。在这里，我和曹看到了那块早就想看到的清代立的"水池三禁"和"水台三禁"的石碑。

在抄录碑文的同时，前天与曹在路上谈的关于水的很多思考再次浮现。这块记载着用水规矩，并位于龙王庙的石碑可以进行多种解读。当年这个水池中的水，伴随神灵与人之间的交流、不同身份地位村民之间的互动，随时都在进行着神圣与世俗之间的转化。"三禁"碑文不仅仅是村规民约，也不单单体现的是这个曾经有多个举人村庄的洁净观念、节约用水的意识，因为这一切都是在神的关照下，在人与神的交流中发生的。这些碑文说得很清楚：如果有人违反这些禁忌，那么就要违禁者祭祀龙王来弥补过失。神庙中的水，日常使用自然不能污染、亵渎，否则不是在浪费山泉本身，而是对神灵不敬。因为是用于生活，难免会浪费以及污染山泉，对世俗中随时都可能发生的失范行为，人们也就只好以神灵的名义来规范自己的行为，强化庙中山泉水的神性。

水哪里仅仅是水呢？祈雨时一定要取到的灵验的能带来丰润雨水的"神水"，这不仅是在过去范庄龙牌会、常信娘娘庙会中的仪式实践，是地处西南七曲山的文昌帝君的职能，也是桑峪、灵水所在的斋堂川多年操演的"主观事实"。水绝对是一个探讨京郊山里人非常好的入口。


# 恒久的拉话儿


从石碑四周的残垣断壁可知，龙王庙当年是一个有几进几出的大庙。最西边大殿的西墙还留有一块黑板。也即，这里曾经也是学校的所在地。东侧厢房的墙壁北端残存的关于男女性爱的"速写"和打油诗，轻轻地解构掉了昔日寺庙的神圣、肃穆，也悄然无声地消解掉了学校的文雅与端庄。这些并列的陈迹演绎着去圣化，演绎着偶像、权威的轰然坍塌后生活的江湖化、流氓化。深山里的这个残庙也就成为一百多年来中国的记忆之场。

太多的好奇让我们向村中的人家走去。"大伯，能告诉我后边那些殿宇以前都是供奉的什么神吗？""这我不太清楚，都没了……"伴随尾音，人影消失在门内。就在失望之余，一位老年妇女步出了刚才那个院门。

这位大娘姓刘，出生于1907年。她告诉我们，最后那间还有黑板的殿就是村子以前的天仙圣母娘娘殿，供奉的是娘娘。抗战时，日本鬼子曾经烧毁过这一带的房屋。水池直到七十年代都有水。在她的记忆中，水越来越少，但并不像碑文中说的那样严厉，仍有人在水池边洗衣淘菜。当我们与老太太在房门口闲聊时，她的老伴，同样姓刘的一位老八路挂着拐棍走了出来。这位老八路，1904年出生。这个院门口，正是村民晒太阳、"拉话儿"的地方。在老人出来时，已经有两三个人坐在左近。

这位早年参加革命、历经风霜的老人，先是告诉我们这个村光辉的过去：这个村曾经出了多少举人，有多少能人，在过去如何声名远播。然后，在我们的问询下，他讲起了村中曾经有的无头庙（五道庙）、真武庙、老爷庙、南堂庙（南海庙）、马王庙、魁星楼、龙王庙等庙宇。南堂庙以前求子最为灵验，凡是没有生男孩子的妇女去那里拴娃娃都是有求必应。南堂庙每年二月过庙（赶会），整整一月。烧香的、求子的、唱戏的、推牌九的、掷色子的，热闹极了。有趣的是，老人说村北的龙王庙不是管下雨的龙王，而是管不下雨的龙王。"过去，灵水有七十二眼井，每口井的水都很多，水都用不完，怎么还能修一个管下雨的龙王庙呢？所以这个龙王是南海火龙王，是管不下雨的龙王。"

在这位老八路的记忆中，灵水也参加斋堂川五十八村的龙王大会。或者是我们的闲聊激发他的兴致，他顺势讲起了今天属于房山区佛子庄乡的黑龙观的黑龙是斋堂贾家姑爷的事。在他的叙述中，不是黑龙和白龙在佛子庄乡的黑龙潭争斗，而是黑羊和白羊在万佛堂的桥上扎角。至于村中小规模的祈雨，老人则讲了寡妇在水库——龙头湾耍弄簸箕求雨的事。

见多识广的老人显然是灵水的一本活字典。但是，老人新近得了病，说话时还戴着口罩。就在说完这些后，似乎是猛然记起自己要吃药，于是在老伴的搀扶下回屋去了。如同众多民间故事讲述的现场一样，在老八路兴致勃勃地讲述时，他的老伴不时打断他的叙述，要他别讲那些"瞎话"。老人自己也强调说这是"拉话儿"，是传说，是神话。虽是拉话儿，在他身体好的时候，村里都会找他去给游人讲这些"话儿"。

北方的村庄，无论是山区，还是平原，都有数个这样老人拉话儿的地方。

这些地方显然是关注日常生活、关注传承的民俗学者进行田野调查的绝佳场景。从这个有阳光、通风的空间，我们可以了解一个村庄的过去、现在，了解生活在这里的人的逸闻趣事与境况。博闻强识并能言说的长者则承载着这一切。尽管还有诸如圣水、天主教、秋粥节等许多的问题没有来得及问刚才的长者，但发现了这样的地方，我们就有可能较快地从这里获取尽可能多的信息。

离开拉话儿的这块地方，我们继续沿着村南的边沿大道前行。很多人家都关门锁舍。很快，我们就回到了村口。疲惫的我们直接走向了影壁北侧的小商店。连锁经营模式的小商店并没有桑峪小商店的货物品类齐全，可以入腹的东西甚少。我们分别要了一碗方便面，用店主的开水冲泡，外加一块面包充饥。这也是一个信息交流传播的地方。有在此闲坐聊天的人，有坐在这里观望的人，还有人在此支起了桌子玩牌。

由于小商店太小，前来购物的人甚多，我与曹的方便面是在小商店对面的槐树下的碾子边席地而食的。远离其他人，我们也可观望来往的各色人等。当然，这也便于别人观察我们。饭后小憩片刻，差不多十二点，我俩重回拉话儿之地，希望能再从这里听见些什么或者遇到上午的那位老八路。

果然，四位男性和几位女性村民在那里拉话儿。主角仍是生病的刘姓老八路。他讲述的主题仍然是灵水昔日的辉煌，尤其是老谭家昔日的威望与通达。

一说，过去凡是灵水的人外出，就是住店吃饭，只要向店老板提及自己是灵水老谭家的人，店主必定不敢怠慢丝毫，毕恭毕敬地伺候。一说，过去闹土匪的时候，老谭家一纸请来国民党军队二十九军的一个连，吓得土匪没有了踪影。而这个连的军人个个都会武功，每天就在村北的龙王庙练功，军纪甚好，不扰百姓丝毫。那时，刘姓长者尚是小孩，还经常去庙中看军队操练。一说，一个人打官司数年，但总是不得赢。在向老谭家求助，得到老谭家三句话的纸条后，这个并无恶行的人就赢了官司。

长者的讲述引起在场一位年约六旬的男子的追问，并在追问中赞扬着灵水昔日的荣光。年轻的女性也用带着四川口音的普通话说："灵水的好东西都是后来给毁坏的，就是现在灵水也不赖呀，不知有多少人在外教书呢。"

或者是到了午餐时间，刘姓老者不多会儿就回屋了。有着四川口音的年轻女性引起了我的注意。借着同乡的名义，我与她攀谈起来。在她的邀请之下，我俩顺势走进了她的家门。

# 老乡

老乡姓李，是万县人，属鼠，与我同龄。1990年初中毕业后来北京打工，有着大多数留在北京打工的女孩都有的经历。她的丈夫是她打工时的同事。她的户口在之后迁移到了北京。现在，她的闺女已经在军响读小学一年级。虽然夫家在灵水，但她实际上很少在灵水生活，多数时间都在北京、门头沟或斋堂打工挣钱。孩子上学了，在孩子的要求下，她留在了家中。孩子住校后，她平常也就多了些清闲。

夫家在灵水也曾经是显赫的人家。她的婆婆奶（公婆的母亲）是一位于1949年以前就入党的老党员，已经88岁高龄，属猴。她的婆婆是一位天主教徒，曾经还从后峪的堂中取过圣水，以此祈求保佑自己的孙女健康成长。老乡本人信奉佛教，在她的卧室中供奉有从五台山请回的观音菩萨。每逢阴历的初一、十五，她都要给观音上三炷香。信仰各不相同的一家三代和谐地共处一室，这就是宗教在中国乡土的生态。

在我们闲聊时，隔壁的女主人，也是老乡婆婆奶结拜的干姊妹，老乡称为姥姥的长者给婆婆奶送来了饺子。李老乡的这位姥姥正是我们桑峪房东杨先生的二姐，一位虔诚的天主教徒，用她自己的话说，"是在灵水信得比较好的教徒"。我与曹并未立即前往杨大娘家，而是在老乡的引领下前往娘娘庙北端的灵泉禅寺。

今天的灵泉禅寺只有一个拱门，除了拱门附近地面的残砖断瓦，其余的殿宇都没有了踪影。这里有新修的几间砖房，与众多的乡村寺庙一样，灵泉禅寺也早已是学校的所在地。今天的这所乡村学校同样萧瑟，只有一个快要退休的女教师和幼儿班的一个学生。一个老师，一个学生，一间窗户贴满白纸的教室就成了这个乡村小学的全部。学校其他闲置校舍更主要的用途是立秋时村里用来举行秋粥节。在拱门的东北端的数米长的平台上，我看到了四口大锅的灶台。

随后，在老乡的引领下，我们三人去了五道庙北边的龙头湾。沿途，健谈的老乡讲述着她了解的灵水和关于山里小煤窑、已经倒闭的鸵鸟养殖场和制药厂的故事。走了差不多四十分钟，到两点半时，我们才走到藏在三面环山中的龙头湾。

龙头湾有一泓泉水，很是清澈。老乡讲，这里的泉水一直都没有干涸过。她的婆婆奶讲，在这里求雨很是灵验。只要村里的寡妇在这里一耍簸箕，村里就准下雨。泉水旁有一个低矮的小庙，里面供奉着龙王。这个龙王庙是一位天津人出钱在几年前修建的，佛像则是五台山的和尚前来开的光。开光时，老乡也前来参加了。她的一位好朋友开饭馆，但亏了钱。在临出国时，这位老板专程买了很多尾鱼用车运来，放生于此。前些日子，老乡的这位朋友还来电话问询过这里的情形。

这又是一个关于水的故事。同样是泉水，将鱼从别处的水中运到这里来，就是放生。鱼也就能获得相对长久的生命。换言之，这里的水不仅仅是水，而是意味着生命，或者说新生之水。

也许是龙头湾的风水好，我们坐在这里，一点也没有季春午后的阵热，而是微风吹拂，凉爽异常。从龙头湾回到村中，已经是四点。我们直接来到杨大娘家中。一直看护自己精神失常闺女的杨大娘，已经有 76 岁的高龄，却并不显疲惫。由于老人的闺女卧病在床，曹与老人并未多聊，只是探望了下老人。五点，我们踏上了回桑峪的归途。

六点回到杨先生家，他的三姐也在座。这是一位七十多岁的非常儒雅的长者。她是于新中国成立后在灵水上的小学，那时她已经二十多岁。她说，当时在灵水读小学的有差不多三分之一的女性都已经结婚了。上学并未因是天主教徒而有不同的待遇。反而是那时的河水很大，上学常不得不绕行。问她为什么已经很大年龄还要读书时，她说这是教堂的影响。后峪的人普遍重视教育。1949年以前，后峪的教堂有小学。从这儿毕业的学生可以直接到辅仁大学的附属中学上学，学费都是全免。

与主要是面向教友的教堂学校一样，新中国成立前富庶的灵水的私塾则只有富家子弟才能上。同样是学校，一边是信仰决定了谁上学，一边是财富决定了谁上学。殊途同归的是，两种截然不同的动因都各自为自己的村子培养了一大批在今天也令村里人自豪的社会精英。值得反思的是，今天的学校多了，上学的机会也似乎很均等了，但能让乡邻称道羡慕的精英却似乎反而减少了。（2007年4月9日）


# 信与不信


虽是季春，山中的晨风仍然有些寒意。

后峪天主堂的钟声一般在清晨六点一刻敲响。教民们纷纷在六点半前进入教堂做早课。前往做早课的主要是中老年人，尤其以老年人居多。今天前来参加早课的约莫五十人，是瞻礼人数的百分之四十。早课的程序同样是既定的程式。无论冬夏，都有虔诚的老信徒在早课前就早早进入教堂，自己念经。

从教堂出来已经是七点一刻。我们沿村中的南北主街道南行，前往军响。军响在桑峪南边，只有一里多地。昨夜，我们一再强调不在杨先生家中吃饭，免得影响他们夫妻的早课。

走到前峪过街楼的鑫维康连锁商店宝香店，我俩径直从冰箱中拿出一袋速冻饺子让老板帮忙煮上。在等待的过程中，老板把我们迎进了北屋。商店后边的北屋阳光灿烂，干净整洁。室内东墙上挂有圣母玛利亚和耶稣基督的画像，北墙边有绿意盎然的盆景。老板原本是后峪的人，自小就是天主教徒。前几年先是做小本生意赚了点钱，然后就将家迁到前峪，三年前开起了现在的商店。

在吃水饺的过程中，曹问老板：

"今天去早课了吗？"

老板有些淡漠："去教堂都是老人的事，这么忙，谁有时间呀？总要过日子吧。"

"那前几天的大瞻礼去了吗？"

"也没去。"迟疑了一会儿，老板进一步解释说，"不忙的时候都是家里她（妻子）去，我基本都不去。"

形制并不复杂的圣母山不仅成为桑峪今天标志性景观，也是斋堂、门头沟甚至整个北京的一道醒目风景。如今，依后峪山势修建的圣母山吸引远近数省的教徒前往朝拜。已经年过花甲的房东重新成为教徒，也过上了有规律的宗教生活，除非有特别的情形，他都不会缺席例行的早课，周末的弥撒以及大、小瞻礼。同时，能写会画、多才多艺的他也义务帮助村民以及村委做了很多事情，如帮人写申请、状纸等。作为新农村建设标志性成果之一的桑峪村小公园也是他设计的杰作。如今，他又是桑峪第一个承办"农家乐"的村民，正装修自己的房子，准备在今年五一开始接待游客。

从信到不信，从不信到信，都是个体随遇而安的选择，虽然多少有些良禽择木而栖的聪明，却并没有宗教的强制，也没有政治的专制。两种相反的过程自然地在这个小村发生。一定程度上，折射出宗教近百年来在乡村的命运与基本特征：为我所用，以人为本，随遇而安。

中午，当我们从军响回来时，曹给房东买了水果和酒等礼物。正在帮隔壁拆房的宝香店的老板眼睛盯着我们手中提的物品。我悄然对曹说："老板看见我们手中提的东西了。"曹坦然地说："没事，这都好说，能轻易摆平。老板不会计较。"凡是做田野的人都知道，要和同一社区的不同人等都保持相对融洽的田野关系其实难度不小。

# 短命的庙舍与校舍

虽然曾经是乡政府的所在地，也在通往斋堂的主干道公路边，还临近清水河，但与桑峪和灵水相比，军响要脏、乱、差得多。据长者讲，军响得名与唐代曾在此驻军有关。根据目前残存的以前村中娘娘庙钟楼大钟上的铭文得知，在清代顺治年间，军响还是两个村子：台上与台下。应该说，找到这口大钟并详读上面的铭文是我们今天最大的收获。

铭文上记载着当初捐资铸造这口钟的所有远近寺庙的和尚，与不同村庄的信士、信女，诸如灵水的灵泉寺、桃园村、军下村、马兰村龙王庙、清水村、东斋堂、桑峪村三教堂、安家庄、台上村、马家庄等。从这些清晰可见的村名、寺庙名和人名中，我猛然觉得学界长期认为"传统村落是封闭的，自给自足的"这种观点很片面。

确实，由于交通条件、自给自足的生产生活方式等多种原因所致，人们出行可能没有今天频繁，但这并不意味着过去那些年代的人就终生足不出户，老死不与外界往来。至少，因不同层面与程度的生活窘境而激发出的信仰行为使人们走出了自己的村庄，并有了村与村之间频繁的交际。在此过程中，宫观庙庵扮演了不可缺失的中介角色。庙内的神像，游走的和尚、道士，远播的庙宇钟声等将原本在地理上有一定距离的村庄连接了起来。

这令我想到另一个问题。在相当意义上，从空间的利用角度而言，清末民初的政府较为成功地实现了乡村庙宇向现代学校的整体转型。经过20世纪大半个世纪的努力，不但宫观庙宇这种曾经在中国乡村中密布的景观淡出人们的视野，而且与众多神灵相连的神圣、神秘的生活氛围也整体性地随风消散。如果说这是历史发展使然，那么在近百年的历史进程中，在庙宇基础上转型的乡村校舍在村民生活中扮演了怎样的角色？还将扮演怎样的角色？尽管有幼童的减少、老人的增多和年轻人流动的加剧这些不可争辩的事实，只要进

　　　　　举头三尺有神明

一步想到曾经在校舍、操场上操演的老师、学生和书声是近百年中国村落生活重要的一极，上述问题也就变得更加严重。在地域差异巨大的中国，乡村生活将如何被重组与再构？

十九世纪、二十世纪之交，乡野庙宇被推上了历史的前台，人们要倾力改造提升它。百年后，并未经过强力，村这一级的小学校舍已经开始淡出了人们的视野。民国政府并未能全面发动和推开的新生活运动在今天的新农村建设、乡村城镇化运动中得以延续、夯实。

在桑峪、灵水、军响这些京郊大山里的村庄，村村都有了类似于城中才有的公园、公共厕所，有了配置健身器材的露天广场、公园、老年活动中心，有了益民书屋等设施。客观而言，这些可视的建设工程确实在一定程度上改变了人口日渐减少并趋于老龄化的"空巢"村落的外观，但对于大多数留守者而言，这些外在的设施似乎与他们早已习惯的生活并无关联。长者仍然是喜欢在拉话儿的地方拉话，在村口聚集闲聊、观望、玩儿时熟悉的游戏。

何况，地处京郊的农村沾了首都的光，可以进行这些外在景观的建设。在中国更多贫困的地方，新农村建设、城镇化运动又将怎样呢？或者连这些景观都没有，而任随校舍坍塌，一如百年前无法被改造成学校的土地庙、五道庙、龙王庙等小庙。

无论是百年前被强力改换门庭的乡野庙舍，还是百年后自然转型或凋零的乡野校舍，都是不同历史时期的两种空间艺术。作为景观、作为符号、作为艺术，它们都表达了一个时代的大多数人对生命的态度、一种情感状态以及共享的热望。

1969 年，在古根海姆博物馆举办的"论艺术的未来"主题讲座中，汤因比（A.J.Toynbee）更强调诸如房舍、浮雕、塑像等固态视觉艺术的恒久性。反之，他认为口头艺术是短命的，所以不得不经常重复讲述。汤因比对了，也错了。对错都在于他忽视了人类创造欲的孪生兄弟——破坏欲。在强大的破坏欲，抑或说创造欲面前，首当其冲的绝对是汤因比赞赏有加的固态视觉艺术，而口头艺术因为人本身的存衍、唠叨反而有了恒久的生命。

　　这份简单明了，正如现今桑峪左近斑斑点点的屋舍与拉话儿的生态学。
（2007 年 4 月 10 日）

　　　　　　　　　举头三尺有神明

# 2

# 苍岩山日志 (2010 年 4 月 10 日— 18 日)

## 2010 年 4 月 10 日　星期六　晴

　　五点起床，读完新修《井陉县志》（1986 年版）中的苍岩山部分。听见我起来，母亲也悄悄起床，为即将早行的我准备早餐。七点半出门，乘公共汽车前往北京西客站。没想到的是，一路顺利，八点四十就到了西客站。不知火车站实行了新的制度，必须持当日车票才能进站，只好在朝阳下游荡，等待董梦拿票前来。九点半进了十号候车厅。张青仁、张瀚丹、赵倩都已到齐，闲聊数句，便上了火车。

　　火车十点十五分出发，预计十二点到石家庄。上车后打开电脑，浏览完新修的《井陉县志》。到站后，按照预定行程，我们兵分两路。张青仁与王雅宏前往宁晋县贾家口。王雅宏的母亲明显是心疼女儿，让其妹夫专程开车送二人前往贾家口。我们余下四人则乘快 1 路前往西王汽车站。人忙马不快。忙乱之中，坐反了方向，等我们到达西王汽车站时，已经是三点十五分了。匆忙中买了五分钟后前往井陉的公车票，每张票价十元。

　　从石家庄出来后不久，汽车很快就行驶在尘埃之中。中巴车内有些脏乱，三位城里长大的"80 后"姑娘并未表现出厌恶之情。车上的售票员也不知井陉县城是否有开往苍岩山的班车。好在邻座的人告知，车应该是有的，并代为查询了租车的价格，如果我们不得不这样做的话。到了井陉县汽车站，远远就看见了开往苍岩山的中巴车。没有休息，下车后直接上了前往苍岩山的车。该车四点半出发，票价七块五。五点四十，我们到了苍岩山脚下的胡家滩村。该村现在是苍岩山镇政府的所在地。苍岩山镇原本叫胡家滩乡，为了发展旅游，1998年更名为苍岩山镇。

快到胡家滩时，中巴司机建议我们这些明显是从外边来的人乘村民的车从后山上山。明知他们有"串通"之嫌，但小华告诉过我，他也是这样上山的，而且我还记得他在山顶寺垴村的房东赵大伯的名字。于是，我同意了司机的建议。下车后，以六十元的价格谈妥了一位村民的微型长安车。这位村民正忙着修建新房，因我们付价不菲，他立即发动车送我们上山。山路崎岖，是土坏路，坡陡弯急。一路与司机闲聊，知道他身兼数职，是胡家滩村的农技员、畜疫员、巡山防火员，有儿女各一。儿子现读高中，在石家庄学美术，一年要花费三万余元。他已经安排好，等儿子学成后就回来在苍岩山的庙里画彩绘。女儿年纪还小，才六七岁。他也提及，苍岩山庙会期间，每天从后山往山上拉客人，每人车费在二十到五十元不等。

有意思的是，司机说胡家滩的人并不信三皇姑，根本就没有村民在家里供奉三皇姑。庙会期间，村里的人主要是开饭店，或者上山讨饭。讨饭是这里祖辈就有的习惯。现今，讨饭的人每天差不多都能讨到二三百元。前来上香的人多是方圆百里以内的外地人。除了讨饭，村里也有不少算卦的人。与之不同，寺垴村的人主要是开"农家乐"或旅舍，部分人也"上班"，在苍岩山不同殿宇服务。

六点一刻，我们到了山顶赵大伯家。年过花甲的赵大伯是一个精神矍铄，阅历丰富、见过世面的长者。他在外当过兵、做过官，现闲居家里。他们家是在他祖父时才迁到这里来的。赵家新近花费了十五万元修缮了旧屋。虽然我们是突然来到，但这套宽敞的四合院内井然有序。在我说出去年前来这里调查的香港学生小华的姓名后，本来就热情的老两口更是满脸堆笑，三言两

　　　　　举头三尺有神明

语就说好了房价，每人每晚十五元。如果他们得空就给我们做饭，每人每餐五元。但是，庙会期间，他们基本没空。因此一旦开庙，吃食都得自己解决。好在小华早已告知这些情况，我也叮嘱了课题组的所有成员，让他们自己尽可能多带些吃食，做好吃苦的充分准备。

寒暄、唠叨一阵后，我就带赵倩、张瀚丹、董梦她们仨往玉皇顶转了转。出赵家院门时，天色尚明朗，空气清新，静寂空旷，完全是久违了的山村气息。归时，夜色已浓，远近三三两两的灯光，闪闪烁烁，丝丝寒意增添了些许的凄冷。虽如此，两个村民还在为庙会准备，正从家中往他家在卧佛寺下临时搭建的小食摊抬冰箱。尽管是寺垴村民，庙会期间铺面的场地租赁费、工商管理费、防疫税等合计仍需一千多元。他们提及，卧佛寺是 1993 年由井陉县城建局投资修建的，现在的管理权还是归城建局所有。

七点半，回到赵大伯家中。晚饭是大娘柴锅做的烙饼与小米粥，味美可口。闲聊中，知道今天在赵家住的还有数家前来游玩的人，和一对外地来的准备在庙会期间算卦的夫妻。

# 2010 年 4 月 11 日　星期天　雨雪转阴

今天是农历二月二十七。原本打算五点半起床下山调查，结果凌晨下起了小雨，滴滴答答。朦朦胧胧中，想起了杜工部的"春夜喜雨"，李清照的"绿肥红瘦"，仿佛回到儿时故乡春雨的缠绵。在我的规定下，三个学生也在五点半就起床了，看着比夜间更大的雨点，让她们再睡下，早饭后下山。

五点四十，房东即起床做早餐。想到昨夜阅读的资料，构思着接下来学生调查应开展的方面。景庄、胡家滩、寺垴是三个应该走到的村庄。很难再入睡，索性起床与房东夫妇聊了起来。

房东夫妇都是非农户口，在村里已经没有户籍。所以，今年他们夫妇以房东哥哥的名义承包了玉皇顶下东北角的厕所，要向村里交二百元钱。目前，山顶所有的殿宇、摊位都是不同的人投标承包经营。承包玉皇顶的人上一次以五十六万余元投标成功，今年则涨到了九十五万。这两个数字都令我惊讶万分。考虑到苍岩山庙会期间玉皇顶门票单买才三元一张，这两个承包价清楚地说明了玉皇顶香客数目之众与香火之旺。

老人还告诉我，从公主祠到玉皇顶沿途都是寺垴村民承租的摊位。处于山顶的寺垴村过的是靠天吃饭的日子，小麦不生，只有小米和玉米略有收成。好在靠山吃山，靠水吃水。山上的核桃、大枣等在公社时期还使得寺垴村民的人均劳动力能在一毛以上，最低也是九分，这比胡家滩公社的人均劳动力分值还要高些。改革开放后，由于苍岩山景区的建设和庙会的恢复，寺垴村村民的生活也随之进入一个新的阶段。

一度作为村小学的玉皇顶重新恢复庙宇原貌，并得以修葺、完善，与政府的对口扶贫有关。寺垴村的对口扶贫单位是井陉县城乡建设局。将玉皇顶维修好并管理五年后，因玉皇顶香火的旺盛，收益可观，城乡建设局又与村里商量，租赁了一块地皮，以单位职工和苍岩山镇职工集资入股的形式修建了卧佛寺。城乡建设局还与村里签订了三十年的使用权。

老人提供的这些信息，让我想到了苍岩山与寺垴和寺沟村落景观、村落生态、村民日常生活、生活观念等之间复杂的动态关系。这些都是课题组接下来调查中应该加以关注的。同时，庙会期间，主要是三月初一、初三、初六、初八、初九五天人多，过了初十，朝山进香的人就少了。这一时间的分布究竟为何，同样值得注意。

与两位老人聊天的同时，他们忙活的馒头、糖包也蒸好了。我毫不客气地吃了两个糖包。在馒头、包子蒸好之后，老人再拿出白瓜干（南瓜干）煮小米粥。等到小米粥做好，叫几位学生吃饭时，馒头已经凉了。白瓜干的做法与我老家做萝卜干、红薯干的做法一样。没想到的是，煮出的小米粥同样味道鲜美。老人还给我们一人煮了一个鸡蛋，鸡蛋味鲜，完全是城里鸡蛋没有的味道。学生们则感叹鸡蛋好吃的同时，对蛋黄和蛋清的营养成分议论了一番。

就在七点一刻吃饭的同时，雨居然变成了大片的雪花。想着在雨雪中踏查苍岩山或者别有风味，于是就召集大家一同出发。好在这些孩子还算兴致勃勃，纷纷撑着雨伞，在泥泞中前行。

我们先是到了卧佛寺。在寺门口的石碑上，铭刻的碑文清清楚楚地交代了卧佛寺修建的缘起和方式，股份制经营的性质明明白白。遗憾的是，雨雪中，无法照相也无法抄录。就在认真品味碑文时，与卧佛寺遥相对望的公主祠的大喇叭响起了"南无阿弥陀佛"类似"大悲咒"的音乐，很是有些摄人魂魄的味道。看着有人进寺，卧佛寺的管理者以为是来了香客，也放起了另一种我不甚熟悉的佛教音乐。在梨区就已经分明感受到的教堂钟声和晨钟暮鼓之间的声音纠葛再次得到了验证。于是，随口对学生们说了这些想法：以宗教的名义，不同利益群体通过声音对一座圣山的空间进行了切割、争夺，以此宣誓自己的主权。

从卧佛寺出来，直接沿玉皇顶山门指示的路标下山。没想到，在玉皇顶山门口碰到了川流不息来此上香的香客。而且，不少香客还向庙门口的石狮子塑像摆放供品。董梦上前问售票处的人，说昨天门票已经卖了有七八千元，即有两千多人前来这里上香。按照通常民间表述的隐蔽性，实际到玉皇顶进香的人应该会更多。顺着一队香客下山，山路甚是陡峭。路两边的树梢上挂满了福条（红布条）。按照老人们的说法，这些福条都是许愿保佑家人平安的。下山的单行道在福庆寺与上山道汇合。在福庆寺、桥楼殿看了数通碑文后，我们径直往山下走。移步换形，"观音正殿""万仙庙""红色纪念馆""跨虎登山""苍山书院"等景观纷纷跃入眼帘。当下，苍岩山景区的检票口就在苍山书院门前。

在文字表述和口头宣传中，沿途不少庙宇的名称都冠之以"正"字，如"三皇姑正殿""观音正殿"等。除了当下景区常见的一块庙宇简介及其主供神祇的牌子，为了让广大香客、游客明了这些，各个殿宇的管理者们还在门口拉起了或长或短的红底白字的横幅，上书数字，以最简洁醒目的方式，说明该殿神祇的功能，如"文昌正殿，保佑升学"之类的。对于路过，并在犹豫的游客、香客，管理者会朗声说道："大老远来一趟不容易，进去拜拜吧，这里是某某正殿，不收门票的。"同时，在店内，管理者又会不遗余力地向香客推销高香以及纪念品之类的物饰："来炷香吧，十块钱三炷。"

山下红色纪念馆路的斜对面，有一座猴祖师殿，里面供奉的是齐天大圣孙悟空。在回答我的问询时，管理者很肯定地说："孙悟空就是随三皇姑上山，帮助三皇姑的猿猴。"对这些，专攻史学的赵倩博士明显略感失望。

供奉同一神祇不同殿宇的"正邪"之争，简练的横幅等，都是现今苍岩山在利益驱遣下的特色景观。对于信者而言，朝山进香之类的信仰本身是满足人们内心需求的，可在管理经营者一方，则想尽办法吸引更多的信众，从而将自己的产品盘活、流转起来，有好的收益。在这里，经济学意义上的宗教供需关系更加明显。算计、竞争、广告推销等赫然在目。

在检票口稍事逗留，十点半时，我们随从石家庄东开发区留庄来的三十人（男性仅三人）的香会上山。这个香会领头的是爽朗健谈的香头张老太太。香会的不少成员，尤其是老人，都是因为求子而前来许愿还愿的。

在从检票口往福庆寺的上山途中，不少香客都手提一袋小米不时挥洒，说这是相当于给神仙的粥饭。在张大娘的带领下，香会在福庆寺、三皇姑正殿（圣母殿）、皇姑祠（公主坟）、卧佛寺、玉皇顶等主要殿宇烧香上供。

在水帘洞旁的粘字碑林，有香客尝试将一元的硬币粘在自己想粘的碑面的字上。粘上了哪个字，就意味着粘字者来年会拥有那个字指称的物事。所以，多数香客都将目光聚焦在福、禄、寿、子、财、发、官、升、爱、好等喻指吉祥如意、喜庆的字上。在管理者一再启发、叮嘱要心诚时，一位年轻的女香客努力三次终于将硬币粘在"子"字上。前两次没粘成功的硬币直接掉落在了捆缚在碑脚的"功德箱"中，归经营管理者所有。粘字是当下苍岩山庙会香客最常见的动作之一。在玉皇顶殿、皇姑祠，也有数通新碑成了粘字碑，粘字的人络绎不绝。

在经济利益的驱使下，不同殿宇管理者也使出了浑身解数。在香客们跪拜、上香上供、许愿还愿后，管理者们还会一个劲地启发香客应该再多捐些功德钱，并以为之立碑、颁发证书、心想事成等话语诱导。在发现一位香客可能富庶些时，福庆寺的一位管理者甚至说出要香客再捐献功德钱的数目——二百元。但是，在这些香客们想多拿根福条时，管理者满脸的不乐意。在圣母殿，对香客跪拜上香不屑一顾的女性管理者明确地说出了"福条十元一条"的价码。在玉皇顶，当张大娘等人向管理者多要福条时，管理者以前一个香会一百多人捐了两万元钱为由，拒绝了这个请求。这还引起两个香会的香客之间的争吵，并相互以"行好的"来讥讽对方。

对经营管理者而言，重要的是香客们的钱囊，而非香客们的精神生活与信仰。这确实与宗教市场的供需有着关联。管理者拥有神像、庙宇和苍岩山这些名目，并成为信仰消费的供方。朝山进香的香客在满足自己精神生活的同时，成为苍岩山的消费者。这个香会每人前来的车费在五十元，景区门票是二十二元，再加上许愿还愿的香纸等供品花销，总计至少是百元。显然，一般的穷苦农民是无法成为苍岩山的消费者的。但何以这里还是人流不息？

面对这些现场，我同时想起了卡舒巴教授那天讲座回答我问题时那句经典的话："文化之间本身不存在冲突，冲突的是人和权力。"在苍岩山，儒、释、道不同的神祇比肩而立，也即信仰之间不存在冲突，冲突发生在香客之间、管理者之间、管理者与香客之间。但是，就是在这样一种错综复杂的纠结中，从殿宇中出来的福条、供品、水、纪念品都沾染了神奇的灵力。神祇的超自然能力经由这些物事在不同的人群中交换、流通、传递。为什么在殿宇内，在供桌上的物事就有了灵力？中国的圣山在中国文化和民众的心目中究竟有着怎样的意义？

同时，香会在整个朝山的进程中，并不是一本正经的严肃，反而时时笑声不断，并有着世俗的争执。以前被学人严格以神圣与世俗为标准区分的民众信仰的时间和空间究竟具有多大的意义？这些原本就困惑我的问题常常使我游离在香烟缭绕的殿宇和青翠山景之外。

等留庄的香会从玉皇顶下山时，已经是下午两点。从三皇姑殿到皇姑祠的山道两旁，不时有乞讨者向香客乞讨。而皇姑祠到玉皇顶之间的山道两旁则布满了摊位，以算卦看相者为多，也有卖吃食的摊铺。

等我们回到住地时，已经是两点半，雾气很快弥漫，能见度不到十米，天也凉了下来。担心很快会下雨，于是没有外出，与大家检讨今天的见闻，并商讨后续的调查。

# 2010 年 4 月 12 日　星期一　晴有大风

今天是农历二十八。早晨六点醒来，雨仍在淅淅沥沥地下。七点多草草吃了早餐后，与大家一同出发。在卧佛寺门口，天突然放晴，可到玉皇顶的上山处时，风又呼呼地刮了起来。

经过山门售票处领导的初步审查，同意我们前往山门外的苍岩山宾馆面见旅游局康局长。宾馆大堂的人将我们直接带到了康局长的办公室。简短寒暄后，干练的康局长很爽快地给我打印了张便条，签上了他的名字，作为我们一行八人进出检票口的通行证。

出了苍岩山宾馆的大门，我们径直前往寺垴村村委。寺垴村村委在河沟对面，但村委会没有人。村委院内外和路边墙壁的宣传标语吸引了我的注意。除了新近的村委选举张贴的参选人名录，其余几乎全都是和计划生育相关的，避孕节育、婚前体检之类的，等等。在 4 月 6 日刚刚进行完的选举中，参选的十八岁以上的村民有 139 人，年龄最小的 21 岁，最大的 91 岁，女性有 69 人。村民以杜、赵、张姓为多。与 1986 年《井陉县志》中的寺垴村 140 口人相较，数十年来这个村落的人口似乎没有太大变化。

河沟里的风比在山上要猛烈得多，大家都被风刮得瑟瑟发抖。回程上山途中，我就对各个寺庙拍照，顺势访谈，也观察学生们如何访谈。多数殿宇的管理者对我们拍照、访谈并无忌讳，但个别殿宇，诸如万仙堂的经营者则

　　　举头三尺有神明

很是警惕。

与昨天雨中的踏访和跟踪朝山会注意力集中在一个面向不同，今天无意跟踪哪个香会，这就有时间更多地观察各个殿宇的神灵。从山下到山上，一路走下来，发现苍岩山殿宇中的神祇有三个基本特征。一是重复设置很多，如路神、财神、三皇姑、观音、文昌几位神祇在很多殿宇中都有。这或者与当下殿宇的承包经营有关。香客敬拜多的神祇，各个殿宇的经营者争相设置，敬拜少的神祇则被慢慢淘汰。这也就更加强化了"正－偏""古－新"之争。换言之，这种局面是宗教信仰市场竞争的结果和必然。二是所有神祇的功能都是多元的。万仙堂中的观音正殿中的观音、文昌宫中的文昌、圣母殿中的三皇姑是婚姻生子、升官发财、事业功名等统统都管。三是神祇组合的随意性。如财神殿中将比干、关羽、赵公明同置一室，另一个财神庙中供奉的关羽管财运、周仓管平安、关平管功名，还有一个财神殿中出现了路财神，手中拿的是"一路顺发"的示意牌。经营者说，"也就是路神，有车的可烧香许愿"。

在对三皇姑神格的访谈中，出现了三种回答。一是明确说明三皇姑与观音之间没有关联，是两个不相干的神祇；二是说两个神祇成神的过程有些相似；三是指明观音的佛教归属和三皇姑的道教归属。

沿路碰到的朝山会都有自己的会旗，也都有师傅——香头，人数在二三十到百人不等，但男性会众很少，通常只有数位。这两天还没有碰见有朝山会带响器的。午后一点，在桥楼殿碰见的来自获鹿的朝山会有近百人，她们今晚会在玉皇顶歇息一晚，明天再回程。因此，当别的会纷纷踏上归途时，她们才上山。

圣母殿旁边几通于 2008 年前后新立的石碑引起了我们的注意。宁晋泜河口的一个会将自己的朝山的历史追溯到了一百六十年前，同年来此立碑的其他朝山会则有十余个。从会名可以看出，很多会与华北曾经盛行的如意道等"会道门"有着关联。

到达玉皇顶已经是两点半。几乎没有人再上山了。学生们明显疲惫。于是，带大家回住地，泡方便面吃。饭后，梳理观感。

晚饭是房东应小姑娘们的要求做的大米饭。七点一刻吃完饭后，我带领众人前往玉皇顶。刚进玉皇顶山门内，看见两位老太太在香炉前烧香。两位老太太胸前都挂着工作人员的牌子。我以为她们是附近村子前来帮工的人。结果聊了一阵才知道她们来自宁晋。其中一位在我们上山的那天——4月10日——就来了，并且坚持朝山已经快二十年。每年来了都在玉皇顶帮忙。她说，晚上在玉皇顶歇夜的有外地来的近百名香客。随后，我们进了玉皇殿。店内有十二位老年妇女，四位中年男性。两位老太太跪在玉皇的塑像前，虔诚地烧香。待其烧完，与我在屋外聊天的老太太立即上前烧香。前后她一共烧了三炷香，耗时近半小时。她一直喃喃自语，偶尔发出声音。时而神灵附体，身不由己，时而作为世俗之人说话。似乎香烧得不是很顺利，待第三炷香烧毕，她还在向玉皇祷告，头触地，磕了差不多两百多个响头。另一位老太太欲扶她起来，数次都归失败。最终，她自己恢复了常态。

待这位老太太起来，刚才觉得香烧得不满意的老太太再次跪在玉皇像前烧香。就在她跪下的时候，殿内的十位老太太都一同跪在其左右。这个老太太显然是个香头，她附体的状态没有宁晋的那位老太太明显。在与神直接交流时，她相对安静，然后以平和的话语将神的旨意转述出来。她的感染力似乎更强些。有位中年妇女控制不住，潸然泪下。这与当下城市中家庭教会聚会的场景如出一辙。另一位则恳请她帮着问问玉皇，为什么花了钱自己儿子的工作还是没有着落。香头老太太的忠告是：要相信玉皇，要赶快将玉皇的神马供上。

在玉皇殿后边的殿宇中，挤满了在此过夜的来自鹿泉市和获鹿的香客，基本都是女性。就在我们观察的当口，大家此起彼伏地念起了"阿弥陀佛"等佛号。看到我们拍照，大家兴致更高，还唱了"皇姑出家"的佛。最终，包括两位头发花白的在内，年纪明显偏大的几位老太太拿起了扇鼓，在狭小的空间中舞动了起来。

九点半，我们从玉皇顶走了出来。大家带的手电筒都派上了用场。天上的星星闪烁，格外明亮，是在京城难以看到的，很有点像儿时老家的夜空，疏朗而清凉。风还在猛烈地刮，在风声中，大家缩着脖子回到了住地。

# 2010 年 4 月 13 日　星期二　晴有风

今天是农历二十九。

早晨六点五十带领大家出门。原本说的分头做各自的专项调查，但往山下走时，大家还是希望同行。于是，从玉皇顶沿着上山的路逆向下行。玉皇顶到皇姑坟路两边的摊位已经纷纷摆上。与昨天不同，这一段有了很多行乞的人，到三皇姑正殿旁的吉祥炉这一段，一共有二十二个乞丐。有残疾的仅仅是少数人，多数是健康的老年人。由于我打算具体全面地把握苍岩山的殿宇布局和各个殿宇的神祇分布，所以我们一行径直到了山门。

在山门口准备回行时，赵情去关注她感兴趣的碑刻去了，董梦和张瀚丹直接往桥楼殿关注今天前来朝山的香会。我则从魁星殿开始，逐一抄录殿名，殿门的对联、横幅，殿内的神名，以及招揽香客的经营者的广告宣传用语。在山下的红色纪念馆，经营者向我提到了小华。当我说明与小华的关系时，经营者明显随和了很多，并回答了我不少问题。

在龙王庙对过的财神殿，殿内的每个神都有专人负责。每个负责人都不谈论也不提及其他人负责的神祇。"联产承包责任制"在神庙管理中的运用，成了今天苍岩山庙会红火的动因之一。

待一路将所有该记录的东西记录完成，走到玉皇顶已经是下午两点。大家伙儿已经疲惫不堪。招待大家在小摊吃了碗难以下咽的刀削面后，坚持前往玉皇殿和卧佛寺，将殿宇空间和神祇记述完毕，回到住地已经是四点半。

明天就是三月初一。晚上会有人来烧头香。为了看烧头香的情景，六点半吃了碗米饭后，仅休息了一个多小时。八点半，又与赵和董一道，乘着夜色前往三皇姑正殿。九点半到达三皇姑正殿，在殿内守候了三个小时。十点一刻开始，来烧香的人川流不息。很多人捐献的功德钱最少都是十元，约百分之三十的人捐献百元。场面十分热闹。

十一点多，赵大伯来到殿里，不顾殿内经营者的规定，用烛台的香火给挤不到神案前的外围香客点香。从来到离去，他都像一个斗士，与站在我们身旁的女香头辩论，斥责求神拜佛的荒诞，历数他年轻时在皇姑塑像耳朵眼放鞭炮的壮举，并随意移动香头为表示虔诚一直守护的烛台。当经营者阻拦我以及来自河北省艺术研究院的杜滇峰拍摄时，他朗声地要求不要阻止我们，并骄傲地宣布我们的身份。奇怪的是，对他在这个场合种种"不合时宜"的言行，并没有人阻止、责备。

下午五点，张青仁来电话详述他在贾家口调查的情况。晚上，王雅宏也来短信诉说她调查的苦闷。凌晨一点四十，我写下了上述文字。明天又将是繁忙的一天。

# 2010 年 4 月 14 日　星期三　晴转阴

早晨五点半起来，天阴沉沉的。老天爷似乎是要再次考验我们的抗冻能力，一会儿就潇潇洒洒地飘起了雪花。房东要早早地上班——看守承包的厕所，没有时间做饭。于是，我泡了袋酸辣粉，喝点热水以抗寒。

走到玉皇顶，大家就分头按照自己的调查主题行动了。我在玉皇顶和皇姑坟之间游荡了近两个小时，统计了所有的摊位，将其分为了饭摊、商铺、卦摊、照相等类，同时也统计了乞丐的数目，拍摄了相应的影像资料。看着如此之多的卦摊和真假和尚、道士，我不禁思索这类人对苍岩山庙会的意义。虽然多数殿宇内，经营者、雇工、香客、香头是四类基本的群体，但不少殿宇也有了假道士或者和尚，替人预测吉凶祸福。这些人与香客构成了一种怎样的关系？与殿宇内的神祇在功能上有何相异之处？与乞丐有着怎样的雷同？如果没有这些人，皇姑坟至玉皇顶的景观与布局会发生哪些变化？

八点四十，沿着下山路下山。至老虎洞，与县旅游局庙会期间前来帮忙的一位职员闲聊一阵。得知县旅游局曾经清查过那些算卦相面的术士。由此可知，迷信在苍岩山庙会的现场仍然是一个挥之不去、欲罢不能的阴影。

虽然是一道景观，但老虎洞却很少有人前往，非常冷清、孤寂。一路下山来，和沿途遇到的香客不时闲聊，结果所聊的香客几乎都来自宁晋。下山后，顺势到检票口与几位员工闲聊一阵。从一位导游嘴中得知，她们导游一次收费是一百元。原则上，她们一般会带游客前往万仙堂、福庆寺、桥楼殿、圣母殿、南阳公主祠、卧佛寺数处，老虎洞是不会去的。上下一趟山的时间是两个小时左右。

在三皇姑正殿，遇到一队前来朝山的香客，她们先是在殿门外念佛，唱诵三皇姑，随后由香头将朝山会准备的供品，包括花篮、挂的红、袍子、饼干等献给三皇姑，然后再由香头将每一个人许的愿心，上的油钱上报三皇姑后投进功德箱。五十人的队伍，功德钱一百元、五十元、二十元、十元、五元不等，共计约有近两千元。

十二点四十，出了通天洞到南阳公主祠的台阶两侧，有七个乞丐仍在乞讨。有趣的是，有四个乞讨者坐在一个相对宽敞的拐弯处与执勤维护治安的人聊天。此时，往山上走的香客已经稀少。这样，整个山道，乞丐的数目正好和算卦看相者的数目相当。

算卦抽签相面者，有的行头齐全，收费相对昂贵；路边几位仅仅就摆一张小桌的老者则要价相对便宜。顾客付的费用常常是一元两元，这与大多数香客在每位神像前扔的香油钱的数目正好相近。如何对这个群体做一个相对深入的调查成为我今天一直在思索的问题。

下午两点，天气忽然转凉，阴云密布。遂归，泡食方便面，整理今天的思绪，准备晚上的调查。

# 2010年4月15日　星期四　晴

今天是三月初二，五点半起，五点四十出门。村民以及在寺垴村民家中住的"道士""和尚"等纷纷都前往自己的摊铺上班营业。安居乐业、井然有序的状态令人有些世外桃源之感。晴朗的天空，金灿灿的朝霞，更让人觉得春天就在眼前。

按照昨日的想法，今天先是从玉皇顶走到皇姑祠，从皇姑祠开始统计、访谈山顶殿门内外的算卦相面的江湖术士。在玉皇顶时，遇到来自晋州前往菩萨顶烧香的朝山会。会头是一个三十二岁的小伙儿，十余个老太太像活蹦乱跳的小姑娘般兴奋地围绕其左右。昨晚，她们在这位小师傅的带领下住在玉皇顶。其中的一位老太太讲，她们都是前来"催功"的，师傅是个童子，八岁左右就有异象。这位被称之为师傅的小伙子戴着眼镜，看上去文质彬彬。或者是常年与一群女弟子朝夕相处的缘故，其语音、步调都有些女性化。他穿着大衣，兜里准备了厚厚一叠一元的钞票。在菩萨顶的观音和佛祖面前磕头之后，由他数了十一元钱（共计十一人）往功德箱中投递进去。

江湖术士大致可以分为两类：附近村子的和外来的。通常，周边村子的术士更像是村民，朴实、直率而热情；与之不同，外来的术士（和尚、道士模样的人）要么故弄玄虚，要么疑神疑鬼，顾左右而言他。从空间布局来讲，有殿门内外之别，但作业方式并无太多不同，都是主动招呼客人，诱人前来相面算卦。就要价而言，周边村子的术士普遍偏低，外来者则偏高。

一路走来，走到一半时，遇到赵、张和董三人，遂在路边的饭铺一人吃了一碗炒饼。刚刚吃完，小华打来电话，言已经上山。前往与小华会合后，径直回到住地。稍事闲聊一阵，小华要休息。我与董再次出门，前往卧佛寺，想看看寺内的术士情况。结果还不到三点，寺内的术士都已离去。虽然已经有了数面之缘，但一位主事的女施主对我们还是心存芥蒂。在反复盘查后，她还要看我们的证件。在获得基本信任后，我们获准抄录术士摊的广告。就在此时，下起了雨。之后，径直去往玉皇顶。没想到已经三点多，这里还收门票，遂直接下山，从桥楼殿再往山上走。在说法危台，远远地听到鼓声和念佛声。往下一看，原来有一个朝山会进了万仙堂。领头的香头穿着粉红色绸缎袍子，煞是威风。赶下去已经来不及，在山腰的我只好远距离拍摄了这个朝山会在万仙堂院内室外的敬拜仪程。

再次走上玉皇顶时已经是六点钟。刚在玉皇殿逡巡一阵，张瀚丹打来电话说吃晚饭，遂归。晚饭是丰盛的。我嘱托小华从石家庄带了些熟肉来，算是慰劳一下这些学生。房东也热情地拿出了酒。就着鸡肉、驴肉，很快三两酒下肚。吃完晚饭，并没有太多地停留，大家伙儿直接去往玉皇顶。

从七点半到十点，应杜滇峰等人的安排，不少香客在此表演了扇鼓舞。其实，这些舞蹈都与神祇崇拜相关。因为明天就是三月初三，是玉帝的生日、王母娘娘的蟠桃大会，所以信奉玉帝的很多人都聚集在玉皇顶庙里，祀奉神灵。在师傅的带领下，好几支队伍中的香客都很快进入了迷狂状态，或哭闹，或起争执，或声嘶力竭地唱闹，或热舞。而房东赵老伯，也把自己制作的架子鼓搬到了玉皇顶现场，在扩音器的助兴下，悠然自得也激情四射地敲打。这使这个神圣空间形成一种新的结构性的关系，氛围为之一变。在众人的怂恿下，善舞的瀚丹还与赵老伯跳了曲交谊舞，围观者纷纷鼓掌。

十点半，实在是冻得厉害，我们踏上了归途。


# 2010 年 4 月 16 日　星期五　晴


今天是庙会的正日子，三月初三。

五点半起来，乌云密布，阴霾异常，可喜的是，一会儿云开雾散，霞光四射。人的心情也一下疏朗起来。

与小华一同沿玉皇顶的下山道下山。在下山口，鸟瞰山下，上山道已经是游人如蚁。或者这与人们说的今天是苍岩山的正庙有关。昨夜人们就解释说，三月三是玉皇的生日，王母娘娘要搞蟠桃大会。但是，苍岩山的主神是三皇姑，为何其正庙是在三月初三，而不是一个与三皇姑相关的日子？在苍岩山，玉皇、王母和三皇姑之间是一种怎样的关系？

关于三皇姑的出身，在庙会现场能听到的说法远远比碑刻铭文和其他文献资料中的丰富。诸如：三皇姑是隋炀帝的女儿，三皇姑是隋文帝的女儿，三皇姑是妙庄王的女儿，三皇姑是国王的女儿，三皇姑是玉皇大帝的女儿，三皇姑是无生老母的女儿，等等。关于女儿的排序则有大女儿和三女儿两种不同的版本。就三皇姑和观音的关系，有将二者截然分开、认为观音是三皇姑的化身和三皇姑是观音的化身三种。不少老者还说，三皇姑有三十二个化身，千手观音即其中的一个。关于三皇姑的宗教归属，有的将其归于佛教，并指出她出家修行后，也带着两个姐姐（妹妹）修行，但有的人则以她与志公和尚争山为例，说明其是道教。这些当下民众的言说，究竟表达着人们对苍岩山怎样的认知？苍岩山的神祇是一个怎样的世界？

原本是想走桥楼殿下山的，但山上的人已经摩肩接踵，难以下行。二十九晚上在圣母殿要查看证件并禁止我拍照的公安也在那里执勤。或者是不打不相识，在我说明我要取两个上山的景致时，他很是关切，并叮嘱人多，一定要注意安全和照顾好自己的财物。取景之后，我与小华回行，从老虎洞方向下山。

途中，下山人还很稀少。遇到两个来自宁晋的香客，出于习惯就与之攀谈起来。两位女香客很是爽朗。问其为何朝山和朝山为何非得是三年时，其中一位大姐说："朝山是种习惯，老辈人传下来的，并不是非得有什么心愿要许愿还愿才朝山。上山走一次没有关系。如果走了两年，就一定要走够三年。"当我进一步问，为何有的人说要走四年时，她说："这就是俗话说的'三年满，四年圆'啊。"随后，在与小华的闲聊中，我问小华："人们为什么不说'三年圆，四年满'呢？这其中有着怎样的玄妙？"

七点十分，我们到达山下的检票口，旅游局康局长在这里值班。由于今天是正庙，来的人特别多，所以他不得不四处巡视，以免发生意外。从与康局长的交谈中，我们得知：昨天，从门票统计看，约有一万三千人上山。苍岩山过去的庙主不在本地，而是在县城所在地的微水镇的长岗等三村，三村轮流做庙主。每年在开庙之前，一般是农历正月底或二月初，庙主就会带着所有庙宇的钥匙前来打开庙门，并差人将庙内外打扫干净，准备过会。

对于庙主是外地人，康局长解释说："这与经济实力有关。修建庙宇、塑像，庙里人的吃喝等都是需要前期投资，支付大量的钱财，而本地村子都是靠天吃饭，没有这个余钱。所以，庙主就成了外地人了。当然，今天不一样了，开庙时，钥匙都在我们手里。对于我们而言，今天才是正庙，所以人特别多，也就格外忙。而且，现在朝山的人越来越有年轻化的趋向，年轻人越来越多。"

在我问及朝山会是否与过去在华北盛行的白莲教、天地门、八卦道、九宫道、背粮道、宏阳教等有关时，康局长肯定地说："应该不会有什么关联，那些早就被清理干净了。"对于过去苍岩山庙会的历史，诸如过会时期远近的茶棚，局长则并不熟悉。

局长繁忙，我们不好与之长时间聊天，于是转身观察前来朝山的香会与香客。在检票口，不时有香客陷于迷狂状态，以皇姑、圣母的名义和向他们要票拦阻他们进山的检票人员争执。最终，总是检票人员获胜。对于七十岁以上的老年人，并且是老年证的持有者，旅游局实行了人性化管理，给予免票。

小华一直心系香会，想找一个有特色的香会跟着一路上山。我仍然心系那些术士。于是在红色纪念馆，八点一刻，我与小华分头行动。他继续等待他的香会，我则先行上山。在龙王殿对门的财神殿，经营者挂上了"灵烟殿"的横额。路遇六位来自藁城的老太太。其中两位一直往路边的台阶上撒玉米。老人说："这是喂鸟的。"这让我回想起前几天撒小米的老者说，撒的小米是给皇姑和神仙们的。不仅如此，人们也给庙门口的石狮子上供品，给路边乞丐少量的钱物。

在苍岩山，万物是平等的，还多少有了些神性。这是人与物之间一种怎样的交换、交流？为何一座山让四面八方的人变得如此良善？尽管他们对当下的管理者、经营者求利之心了然于胸。如果从经济学的角度而言，这是不是中国社会的一种福利制度和贫富均衡（物质层面和精神层面）的一种方式？庙会作为一种宗教市场，显然不仅仅是宗教供需的关系，还明显有着经济再分配的社会功能与角色。

考虑到常年驻守并观察香客与游客的康局长所言的朝山者年轻化的倾向，我在琢磨：这样一个以烧香拜佛为基本旨趣的庙会，与民众教育是怎样的关系？在苍岩山所见到的香客，已经不是如范庄龙牌会那样以老者为主体、骨干。在这里，时时都能看到衣着时髦的香客，且来自城区的香客占有相当的比例。生活经历不同、生活观念有着差异、所受教育（尤其是学校）迥然有别的老中青幼各个年龄段的人都有。究竟是什么样的力量将其统合在了这里？是对神仙这些超自然力量的信仰？还是在学校教育之外代际传承的影响？看着不少的香客带着儿女，有的还是带着幼儿前来，令人不得不怀疑百余年来以启蒙者所强调的科学、理性等为基本旨归的学校教育的有效性。人们在一次、数次、常年的朝山活动中究竟要追寻的是什么？

到圣母殿，已经是十点。人越来越拥挤。当我侧身进圣母殿时，忙于赚钱、招揽人也维持秩序的经营者满脸无奈，也很不高兴地说："你怎么又来了？别来添乱好不好！"在旁边的送子观音殿，我受到同样的礼遇。静立一角的我还是观察了这里人们求娃娃的基本仪程：1.求乞者先上香跪乞，表明心迹；2.经营者用平安红（吉利红，又通称"福条"）绾个直径约一点五厘米的小圈，拿着小圈在送子娘娘怀中娃娃的小鸡鸡上套一下后，将这个带有圈的平安红在燃烧的香上面挥舞一下，如此反复两次；3.经营者将这个平安红拃成团用黄表纸包上；4.求乞者站起来，经营者将那个小包拿给求乞者，并叮嘱回家后如何存放，有了儿子要来还愿。

与往天不同，今天前来送子娘娘殿许愿还愿的人特别多。殿门外的雇工在招揽香客的同时，也散发着一位邢台医生写的宣传治疗不孕不育的小册子。看我俨然不是香客，也不想求儿子，在我翻看这本通俗的小册子时，雇工有些不悦，说道："如果这对你没什么用，就留下，让其他有用的人拿。"当然，我没有拿这本小册子。我困惑的是，送子娘娘和这本医学小册子原本互相排斥并不搭界的东西，为何在当下出现在同一时空？

在吉祥炉旁观察了近半个小时后，随着人流继续往山上走。从吉祥炉到皇姑坟，不足百米的山路，整整花了约一个小时。用古碑上人们形容这里香火时常用的"摩肩接踵"这个词一点也不为过。但是，就在这拥挤的山道，并没有发生男女之间的摩擦事件，一切井然有序。只是个别人在说："今后再也不会在庙会期间上山，太挤太挤！"现在有专门的公安和临时征集的胡家滩和寺垴的村民维持秩序，过去的苍岩山庙会又是一种怎样的管理制度呢？人们如何维持庙会期间的秩序与安全？

快到皇姑坟的二十余级台阶依然宽敞，在这些台阶两端偎依着十个乞丐。从皇姑坟到玉皇顶沿途则共计有三十一个乞丐。很多乞丐对我已经面熟，在我路过的时候，已经不再向我讨要。在皇姑坟，那些术士们也不再招呼我看相算卦，反而是友好地微笑。我直接走向了皇姑坟。这个地下景观包括三位皇姑的塑像，每个塑像后边还有凹陷进去的拱形空间，放着棺材。到地宫的人都是需要再购买五元钱的门票。我进去时，卖票人不在，无意中逃了回票。地宫下，有来自山西平定的朝山会成员正在念佛跪拜，与皇姑沟通交流。光线太暗，无法拍照，逗留观察了十余分钟，回到地面。沿台阶而上，地下凉森森的感觉逐渐被地面的阳光中和，留在了身后。在地宫大门右侧的空地，一位来自山西的女香头正在为在此歇息的平定朝山会的部分成员边唱边跳地表演皇姑的神迹，间歇也说自己已经治好了多少病人。相得益彰的是，这些普通的香客对其表演和诉说不时鼓掌，表示赞同和欣赏。

平定的这个朝山会以表演秧歌等为主，有鼓乐队，身着统一的服装，乐队（男性）着淡蓝色服装，头上蒙着红头巾，舞者（女性）身着粉红色的衣裤。领头的说，这个队伍曾在地方民间文艺会演与竞赛中获过不少的奖。昨晚，在玉皇顶，这个朝山会就应杜滇峰他们的要求进行了表演。今天简称为民间娱乐中的表演，从其本源而言，多少都与敬拜有些关联。后来的研究者，常常会简单地称之为民间歌舞，剥离了其内核。眼前这个来自平定的会，会众们昨夜整晚未睡，都在陪伴玉皇和王母，以至于个别会员相互依偎在地宫墙角就进入了梦乡。

行至玉皇顶是一点有余，正好遇着小华，遂同归。意外的是，三个学生也在卧佛寺碰到。

泡了碗酸辣粉吃了后，就在院内喝茶晒太阳，享受片刻的宁静和闲暇。祝鹏程下午将到。三点半出发，下山接老祝。到山下后，顺着大路前行，意外地看到龙岩寺。龙岩寺虽以寺命名，也有僧人驻守，但与中国常见的这些景观一样，这里面有玉皇殿、龙王殿、三皇姑殿。在我行走其间时，各殿都有香头给人打香。这个庙是何时有的？现在的信众是什么样的人？与苍岩山有着怎样的关系？这些都是新的调查点。

与老祝回程上山时，体力有些透支，挥汗如雨，有脱水的迹象，坚持给老祝介绍了一些基本情况。或者真的是到不惑之年了，膝盖也隐隐作痛，走到住地，补充水分和食物，过了好一阵才缓过劲来。

晚饭后，我没有要求外出，也就没有人再度外出观察。于是，简单地将自己的进一步安排和思考告诉了大家：1. 与康局长联系，索取包括碑刻、苍岩山庙会历史、非遗申报、近些年苍岩山庙会期间朝山的基本人数、管理模式变化的情况以及近些年来旅游局员工承包情况等资料；2. 老祝和张瀚丹一组，关注寺垴村人日常生活状态和苍岩山庙会之间的关系；张青仁和董梦一组，关注龙岩寺和寺沟村的情况，同样注意和苍岩山庙会之间的关系，张青仁上山后着重调查术士和乞丐两个群体，要关注他们与苍岩山庙会之间的关系；赵倩和王雅宏一组，二人主要在圣母殿，赵继续关注以三皇姑等神祇的神格及相应的敬拜实践，王则主要关注供品等物象；3. 前往景庄、胡家滩了解三皇姑在村落中的信仰情况；4. 可能的情况下，前往微水长岗了解历史上苍岩山的庙主。

根据售出的门票统计，今天有一万六七千人朝山。

# 2010 年 4 月 17 日　　星期六　阴

　　五点起，补写昨天的日志，一直写到差不多八点才出门。考虑到上、下山的人都多，于是决定还是从玉皇顶前往皇姑坟。刚过玉皇顶没几步，就发觉今天的人流中多了很多孩子。显然，这与今天是周末有关。这不得不再次让我思考庙会与民众教育的关系。大人带孩子上苍岩山，玩也好，拜拜也好，究竟对孩子意味着什么？思虑及此，给其他早已出门的课题组成员都发送了短信，要他们关注作为香客、游客的孩子与家长。

　　在峨眉相面术士摊的旁边，石家庄佛教医院慈济医院也摆上了摊位，为香客义诊血糖和血压，为医院做广告，吸引顾客。当然，他们也卖佛，一百块钱一个。他们将会在这里义诊三天。八点一刻，摊铺前还挤满了人。穿着黄褂的峨眉术士则如同昨天一样在这些白衣天使旁边拉客，喊着："女士、先生，来看看，我送你三句吉言！"

　　同样，沿途行乞的多了八个孩子。这些孩子都来自附近村子。与那些随父母或爷爷奶奶一道来苍岩山游玩的孩子一样，都是因为今天是周六。这些行乞的孩子，有的是父母要求来的，有的则是随爷爷或者奶奶一起来的。与那些每天行乞的长者一样，这些在路边讨要的孩子没有任何羞涩，来往的人少时，还自顾自地嬉戏游玩。

　　寺垴一位姓李的老人，已经76岁。对我已经面熟的他主动与我搭话，问我究竟是在做什么，每天都来来回回地走？在明白我的意图之后，老人打开了话匣子。他有两个儿子，都在石家庄打工赚钱，平常只有他们老两口在家。自己这些年患了白内障，还有高血压。过庙时行乞是这里的传统。现在，两个儿子都不愿意他来行乞，认为丢脸。但儿子又都在石家庄，也管不了，所以他就偷偷地溜出来了。他还说："要不要得到，无所谓，就是玩，天天在家憋着也难受。前些年还有赵县、宁晋的人来要过，现在主要是附近村子的人讨要了。"与善良的老者交流了十多分钟后，老人还友好地说："你忙，你是忙人，你先忙你的去吧，得空时，我们再聊。"

在地宫左侧，遇到了来自宁晋的一个念佛堂的一群信众纷纷跪在地上念佛。他们大致有八十多人，先念的是"开门"。在观察了一阵之后，往南阳公主庙的正门，抄写外边的重修碑记。抄完后，去了菩萨顶，没有找到与南阳公主庙一样的关于修建的事状碑。于是，再往玉皇顶和卧佛寺抄写重修碑记，从卧佛寺下来已经两点有余。

回到住地后，先是烧开水泡面吃，补充能量，两点半再次下山。行至福庆寺，是三点半钟。殿内的雇工正在忙着清理功德钱。在云梯处碰见小华。这个时段，上山的香客依然很少，绝大多数殿宇差不多都在清理今天的收成。在上行的过程中，与文管所的一位职员闲聊一阵。知道了微水的长岗，有位女香头会"摔香"，而且很准，也知道了现在圣母殿的承包者身不由己的近况。

在圣母殿，再次遇到小华和他刚才跟踪的两位明显虔诚的女香客。与来自获鹿和石家庄的两位男性香头聊了几句之后，我们不约而同地觉得晚上还有必要再次来这里。

晚上八点，我们所有的人都拿着各自的手电，前往玉皇顶。在玉皇顶的王母娘娘殿，遇到一个年少的男性香头给一位女弟子"出工"。香头附体时，言之有物，语词流畅，悦耳动听。可是一旦"下马"时，说话就恢复到日常的口吃状态。在他自己与神交流完之后，他要求女弟子分别给自己和王母娘娘磕了九个头。

八点四十，我们一行人到了圣母殿。福庆寺到圣母殿之间的不少小庙都关了门。圣母殿内已经打上了地铺，共计有二十个人或坐或躺在地上。下午那位来自获鹿的香头正在给我们下午追踪上香的一位女香客打香。完成之后，接着给另一位来自宁晋的女香客打香。从他们之间的交谈可知，后边这位女香客不断地说香头灵。香头一本正经地说："不是我灵，是三皇姑灵。我们来都是帮三皇姑的忙。"

小华被一位自称是三皇姑转世的行好的老大娘给牵住了，欲走不得。隐隐约约听见这位说三皇姑是释迦牟尼的转世，她先是修成了神之后再修成佛。

为了"解救"小华，我们在九点四十迈出了庙门。到达玉皇顶，远远就听见玉皇顶内有歌声。唱的是《大海航行靠舵手》《敢问路在何方》等歌曲，嗓音非常优美。唱给玉皇、娱乐玉皇的音乐已经与时俱进。顺着歌声我们走进玉皇殿。原来是两个貌不惊人的大娘在一人一首歌地轮唱。她们的歌声也吸引来了刚才我们下山时在王母娘娘殿遇见的给自己女弟子出工的香头。在众人的邀请也是挑战下，香头也加入了演唱的行列。十点十分，在他们的歌声中，我们乘着夜色踏上归途。

# 2010 年 4 月 18 日　星期天　晴

今天是农历三月初五，是王雅宏、张青仁两人随同贾家口村的朝山队伍上山的日子，也是到达苍岩山以来最为晴朗的一天。昨晚回到住地后，一直与张青仁保持短信联系，所以知道今晨四点左右队伍就会到达苍岩山。于是，四点四十起来，到山门口接张和王他们，顺便也看那个他俩已经朝夕相处了近八天的贾家口的朝山队伍是如何朝山的。五点四十，我们在山门口顺利会合，简短寒暄后，一同上山。

一个多月前，我在贾家口见到的小波带着大队人马劳累一晚，但丝毫不见困意。进山门后，手拿会旗的他，还不时敲锣，向众人示声，表明自己所在的位置。因为极度的拥挤和管理者的制止，小波所带的人马在圣母殿停留的时间并不长，例行性地敬拜烧香后，穿过通天洞，直奔南阳公主庙。

到达南阳公主庙已经是八点多。由于场地相对宽敞，与小波一同到达的贾家口念佛会的五六名会员在烧香、叩拜、上供后，在空地上跑起花来。因为青仁对小波说会摄像，事后会刻制光盘给他，他们事先就有充分的准备。除了小波衣着如常，其他几名成员皆彩衣，手持大绿花扇、手绢或颜色鲜艳的假花，随着快节奏的鼓点，来往穿梭，口中还唱诵着烂熟于胸的佛。我拿出了一直随身携带的摄像机，不间断地拍摄起来。没想到的是，赵倩、老祝、张瀚丹、董梦也在这时纷纷现身，好像预先约定过一般。尤其是关注庙会期间娱神表演的张瀚丹，更是睁大了眼睛。在现场，青仁说："小波这次'跑花'实际上主要是跑给我们看的。"

小波他们一行到达玉皇顶时已经是九点多。因为明天要赶往泰山开会，所以我看小波表演完老母叫街之后，简要地交代张青仁和王雅宏几句后，便回住地背行李。待我背负行李途径玉皇顶时，我在玉皇顶院墙外的路上，看见了小波他们还在跑花的身影，当然还有袅袅升起的香烟与纸灰……

　　　　　　　　举头三尺有神明

# 后记

　　本书是根据 2007 年的旧著《田野逐梦：走在华北乡村庙会现场》（以下简称《田野逐梦》）修订而成。原书定稿于 2005 年 8 月，出版则是两年后的事了。虽然这两年之间自己相关研究有了新的推进，但因为书稿早已交了出版社，也就没有要回修改。值得庆幸的是，这本谈田野历程、观感的小册子没有像自己根据博士学位论文修订的书稿那样：始终因为"迷信"的问题，多次被不同的出版社搁置、拒绝。

　　坦率地讲，从来没有想到过有修订这本旧著的机会。当初，写这个小册子的时候，定位很明确：配合心中早已算计好的博士学位论文的出版而写，交代田野历程，进而与博士学位论文互为因果而相互促销。结果，田野历程这个"序曲"是交代了，"正文"始终没有机会现身说法。好在 2010 年，出版了《灵验·磕头·传说：民众信仰的阴面与阳面》（以下简称《灵验》）这本在博士学位论文基础之上进一步研究相关话题的小册子，多少弥补了些遗憾。

　　同样是小册子，我一向更看重《灵验》这一本，觉得它更像一本学术书，更明确地表达了自己的理性思考甚或创见（如果有的话）。反之，《田野逐梦》则更像本不够严密、严实的"连环画"。

　　没想到的是，2011 年底，在济南一次会后喝茶闲聊时，张士闪兄一本正经地说："你的《田野逐梦》还有没？送几本过来，学生们更喜欢你这本。"这是我唯一一次当面听到过的关于这本小书的反馈，而且还是正面的反馈。当时，我有些暗自得意，可也从来没有想过要将它修订后再出版。"修订"对我而言是个庞大的工程。何况，在这个"星"光灿烂、大师泛滥，举国若狂地追捧明星、洋人、名流的年代，总是偏执地相信外国的月亮比中国的月亮圆的年代，有几个人会对这些土了吧唧的乡野玩意儿感兴趣呢？

人生总是有很多的意外。

2014年，做了很多妥协之后，在博士学位论文基础之上第四次修改的书稿《行好：乡土的逻辑与庙会》（以下简称《行好》）总算进入了出版的程序。五月底，就在我刚刚审校完出版社返还给我的一校清样时，我收到了廖明君研究员的电子邮件。在邮件中，他说，已经与山东文艺出版社谈妥，《田野逐梦》将会作为他主编的"田野中国丛书"的一种，请进行必要的修订后交付书稿，以便尽快出版。

初看到邮件时，是一丝惊喜。脑中一闪而过的是："福不双至"这句否定式的古语或者可以改成肯定式了。快乐来得快，去得也快。改不改，怎么改，改多少，与初版是怎样的关系，与《行好》是怎样的关联，都成了愁人的问题。

因应这些愁人的问题，本书才改成了现在这般模样。这在书中前拉后扯地已经多有交代。有进步否，成功否，可读否，还会有人在意否，都只有留给可能的读者去评判了。还要啰唆一句：初衷不改，贼心不死，独立也自成一体的本书，还是《行好》的姊妹篇。因此，我也就《行好》一书中的关键词"乡土宗教"及其核心人神一体的辩证法和家庙让渡的辩证法有了尽可能浅显、简明的定义。

如同"默观"，在这个飞速发展的年代，闲暇的"漫步"是我喜欢的一种身姿。愿"漫步"如题，少了些"行好"的冷面孔与逻辑，多了一丝悠闲、温暖，浅白、晓畅，孑然而不悲情、凄苦。如此，也才将2007年的《桑峪行记》和2010年的《苍岩山日志》两组田野日志附录在了正文之后。从这些日志，大致可以看出我对被命名为"乡土宗教"的民众实践的宗教的基本思考历程。

2014年夏天，当我经常光着上身在电脑前修正这些文字时，年近七旬的恩师刘铁梁教授正带着北京师范大学和山东大学的十余名研究生在顺义的烈日下疾行，调查那里当下的日常生活和民俗文化。每年暑假亲力亲为地带着学生调查北京各区县的民俗文化，恩师已经坚持了整整十年。愿我这在室内电脑前的"漫步"能够给恩师交上一份基本合格的作业。

就书中涉及的"娃"的古意，同事李小龙博士和孟琢博士给予了无私的帮助。孟琢兄不但就《说文解字》中"娃"的释义逐字讲解，还将段玉裁《说文解字注》、桂馥《说文解字义证》和《汉语大字典》中的相关内容发给了我。这些都应该是古人所言的"一字之师"了。唯愿我对于"娃"语义的口语化和民间化的有意误用的解读不是胡思乱想、望文生义，从而枉费两位仁兄的一片好心、善意。

本书的初版是于2005年的夏日在母亲的注视中完成的。无独有偶，修订版也是在炎炎夏日中完成。只是，生病已经数年的母亲不但精神恍惚、思维混乱，也丧失了基本的行动能力。日日相伴她的是同样年迈却坚毅的父亲。在父亲的陪护下，时不时在错乱中觉得我已经消失了的母亲还坚强地活着。人生暮年的参差、苍凉与那份坚持，一览无余地凝聚在始终在眼前晃动的蹒跚而依稀朦胧的父母的身影之中。

因此，与《忧郁的民俗学》是献给母亲的不同，这本多少有些随性的文字是献给父亲的。如同《忧郁的民俗学》部分展示的那样，在这个小册子中，我也叙写了些人们，尤其是迷恋都市生活和沉浸在发展幻觉中的人们，久违也不愿回首、正视的"槐树地式"并不久远却真实的乡野生活——当代中国被遮蔽的一角，都市中国的乡土音声。故而，这本小书也献给所有正值暮年的老者，献给必将进入暮年又与乡土割舍不断的未来的老者。无论他们生活在"空巢"乡村，还是表面上喧闹的都市。

一如既往，本来工作任务就繁重的妻子武向荣博士尽可能给我创设安静的写作环境。儿子岳武已经是十几岁的小小伙子了。清楚地记得，四年前的盛夏，在我写"后记"初稿的当日，他通过了围棋的五级考核。

生活还在继续！

2016年暑假，当我得暇重返故乡陪伴病中老母时，槐树地周边的开封庙、尖庙子因各种机缘巧合，在善人们的努力下，纷纷得以重建。父亲不无感慨地说："香火红火得很！"

2016年8月14日一早，也是我要再次离开家乡的头一天，我和父亲一道步行去了离家十多里地的尖庙子。虽然并不是庙会期间，沿途却碰见十余位留守乡里的父老乡亲三三两两地步行前往庙上。每天往返步行十余公里，在强身健体的同时，也让他们内心平和、舒缓。父亲还介绍说，不少老人就是因为这个庙修好之后，天天前往烧香念经而恢复了健康。就在遇见这些白发苍苍的长者的同时，"庙产兴老"四个字再次浮现在我心头。但是，这显然需要进一步的观察。

虽然我不知道会飞向何方，也不知会落在哪个起点，但除了感恩，谁有资格高高在上地怜悯皇天后土、悲天悯人呢？

岳永逸
2018年5月18日定稿于格尔木

**图书在版编目（CIP）数据**

举头三尺有神明：漫步乡野庙会 / 岳永逸著 . —济南：
山东文艺出版社，2018.7

（田野中国系列丛书 / 廖明君主编）

ISBN 978-7-5329-5570-1

Ⅰ . ①举… Ⅱ . ①岳… Ⅲ . ①庙会—风俗习惯—
研究—华北地区 Ⅳ . ① K892.1

中国版本图书馆 CIP 数据核字（2017）第 212742 号

田野中国系列丛书

# 举头三尺有神明
—— 漫步乡野庙会

廖明君　主编　岳永逸　著

---

| | |
|---|---|
| **主管单位** | 山东出版传媒股份有限公司 |
| **出版发行** | 山东文艺出版社 |
| **社　　址** | 山东省济南市英雄山路 189 号 |
| **邮　　编** | 250002 |
| **网　　址** | www.sdwypress.com |

---

| | |
|---|---|
| **读者服务** | 0531-82098776（总编室） |
| | 0531-82098775（市场营销部） |
| **电子邮箱** | sdwy@sd-press.com.cn |

---

| | |
|---|---|
| **印　　刷** | 山东泰安新华印务有限责任公司 |
| **开　　本** | 720 毫米 × 1020 毫米　1/16 |
| **印　　张** | 18 |
| **字　　数** | 230 千 |
| **版　　次** | 2018 年 7 月第 1 版 |
| **印　　次** | 2018 年 7 月第 1 次印刷 |
| **书　　号** | ISBN 978-7-5329-5570-1 |
| **定　　价** | 78.00 元 |

---